古·今·香·港·系·列

U0111314

●"古今香港系列"編輯委員會

主編：梁　濤

編委：（按姓氏筆劃排序）

尹耀全	朱維德	何守信	李志剛
吳倫霓霞	余慕雲	冼玉儀	林秉輝
科大衞	梁沛錦	張　徹	楊國雄
盧國沾	鍾景輝	簡而清	霍啓昌

梁　濤主編

古・今・香・港・系・列

簡而清著

李遠榮整理

三聯書店（香港）有限公司

● 古今香港系列
策　　劃：潘耀明
　　　　　鄭德華

● 香港賽馬話舊
責任編輯：曾憲冠
裝幀設計：阮永賢

書　　名　**香港賽馬話舊**（古今香港系列）
作　　者　簡而清
整　　理　李遠榮
出　　版　三聯書店（香港）有限公司
　　　　　香港鰂魚涌英皇道1065號1304室
　　　　　JOINT PUBLISHING (H.K.) CO., LTD.
　　　　　Rm. 1304, 1065 King's Road, Quarry Bay, Hong Kong
發　　行　香港聯合書刊物流有限公司
　　　　　香港新界大埔汀麗路36號3字樓
　　　　　SUP PUBLISHING LOGISTICS (HK) LTD.
　　　　　3/F., 36 Ting Lai Road, Tai Po, N.T., Hong Kong
印　　刷　陽光印刷製本廠
　　　　　香港柴灣安業街3號6字樓
版　　次　1992年8月香港第一版第一次印刷
　　　　　2006年9月香港第一版第三次印刷
規　　格　32開（121×184mm）160面
國際書號　ISBN-13: 978・962・04・1016・1
　　　　　ISBN-10: 962・04・1016・5
© 1992 Joint Publishing (H.K.) Co., Ltd.
Published & Printed in Hong Kong

“古今香港系列”總序

自從“香港學”作爲研究香港的歷史、政治、經濟、地理、文化、教育及風俗等專門學問被提出來之後，旋即引起香港和海內外文化學術界的重視。從實際情況來看，不少香港市民雖然生於斯、長於斯，但對此間社會各方面的演變缺乏應有的認識。“香港學”的異軍突起，相信會有助於促進香港市民關心自己的社會，瞭解自己的社會。

迄今爲止，有關香港社會各個領域的研究，用各種不同形式去開拓的範圍已頗爲寬廣。其中，有的是追溯開埠前的香港前代歷史，有的是探討百多年來香港某個方面的發展軌迹，有的是評述香港的現狀和預測未來的前景。其他如地方掌故、街道命名、風土人情，等等，均見有專題介紹。可以說，不管論者採取的是何種角度，是宏觀還是微觀，研究的項目確實是多彩多姿的。

“香港學”既然已經成爲研究香港社會的一門學問，出版界便有必要與致力於這方面研究的學人携手，共同爲搜集、整理和積累香港的地方史料而努力。多年來，香港學者在各個領域所進行的專題研究，其成績是應予肯定的。倘若我們能夠將這些研究成果，有系統地結集出版，這對於從事“香港學”研究工作，以及有興趣瞭解香港社會的本港和海外讀者，無疑會帶來或多或少的助益。

香港三聯書店有計劃地出版“古今香港系列”，正是朝着這個方向出發的。這套叢書的選題，其內容當然與香港社會相干，但取捨的準則，則考慮以香港人所關注，或以對本地產生過相當影響的人、事、物爲主。至於每種選題均由一位作者作出全面的撰述，這樣的處理是過往類似的叢書所少有的。儘管在編寫、出版過程中不免會遇上困難，但我們仍樂意嘗試走出新的一步。

此外，這套叢書邀請了十六位資深的香港學研究工作者及在本身行業中有豐富經驗和出色表現的人士，組成編輯委員會，彼此交換心得，集思廣益，力圖使整套讀物從選題、內容到形式，均達到較完善的境地。

“古今香港系列”是一套普及性的知識讀物，爲適應讀者的需要，行文力求通俗易懂，生動活潑，取材既有資料性，又具趣味性。總而言之，這套叢書的出版，希冀能予香港史研究者提供有用的參考資料，對“香港學”的健康發展，起到拋磚引玉的推動作用; 同時，亦爲香港和海內外讀者瞭解香港今昔面貌帶來一系列多元化的知識。

應當指出，這套叢書中各種選題所作的闡述和探討，並非等於絕對的定論，其中亦可能存在不足之處，希望行家和廣大讀者給予指正。謝謝大家的愛護和支持!

梁　濤

1988年3月1日

目 錄

本書作者六十年代中期爲電台現場報道賽馬實況。

1858年快活谷的賽馬盛況。香港賽馬會二十六年後才正式成立。

快活谷早期面貌，背景爲黃泥涌村。(1870年左右)

馬場正面大看台。在座者均爲達官貴人，且俱爲外籍人士。
（約1890年）

賽事進行中。(約1890年)

賽馬場內的華籍婦孺。(約1890年)

1918年 2 月26日火燒馬棚，造成六百多人死傷。

著名騎師郭子猷1948年 1 月20日策騎“青天”贏馬後留影。

1949年的快活谷。

《漫畫世界》第47期
（1961年10月）封面

半醉居士作《香江竹枝詞》
（載《漫畫世界》第62期
［1963年 4 月］）

(1884年～1941年)

香港賽馬會成立
至太平洋戰爭爆發

（一） 英人統治手法高明
賽馬運動傳入香港

在二十世紀以前，歐洲出現了幾個十分强大的帝國。它們不斷擴充勢力，吞併和控制一些落後的國家，這就叫殖民地政策。殖民地統治歷史悠久，但各師各法，比較起來，英國人的統治手法是最高明的。

屈指一算，現在已是接近二十世紀尾聲，而歷史遺留下來的殖民地國家和地區剩下寥寥無幾。聯合國也一再宣稱，希望在二十一世紀初葉，殖民地政策成爲歷史陳迹，永遠不再出現於地球之上。

但是，縱觀歷史，似乎凡是被英國人統治的地方，那裏的人民對英國統治者的觀感總是與法國殖民地、比利時殖民地、西班牙或者葡萄牙殖民地有別。那就是說，在英國的殖民地裏，被統治者和統治者之間，雙方在感情上不至於對立得太厲害。究其原因，是英國人的統治手法與衆不同。

英國人一向給人的印象是他們特別鍾意馬匹，所以不管他們殖民統治到哪裏，也總是把賽馬運動帶到那裏。

始於三百多年前，英國人就四處尋找理想的馬匹，進行有組織性的賽馬活動了。他們所孜孜以求的馬，並非一定是世界上跑得最快的馬，相反，這種馬必須有均衡性能耐: 即無論是天天跑、隔天跑或隔幾天再跑，都能保持水準，不至於令人失望——這就是他們選馬最重要的標準。從這件事，也可看出英國人處事的遠見和目標。因爲，只是一味尋求全世界跑得最快的馬，那可說是“短視行爲”。如果這種馬今天跑得特別好，而隔了兩三天却跑得很差，人們就會對牠失去信心，不願在牠身上下注了。應該說，從英國人看來，馬的形象（即演出是否能保持水準）比馬的速度更爲重要。

基於這個選擇概念，英國人就在世界各地尋求良種馬或想辦法進行配種，使所選用的馬匹能夠達到這個標準。經過多方篩選，他們由阿拉伯和中東挑選了大約二十四公馬，千里迢迢運回英國，然後又在英國本土選出三百匹母馬與之配種。“皇天不負有心人”，這次實驗極爲成功，因而產生了一種名爲“純種馬”(Thoroughbred)的良駒。此後，在世界上，凡是有組織性賽馬的地方，都是用這種馬進行賽事，延續至今，歷久不衰。

如果我們翻查世界各賽馬場上“純種馬”的“族譜”，就會發現一件十分有趣的事: 追源溯流，原來這些“四蹄生風，威震沙場”的純種馬，都是由三匹阿拉伯公馬繁衍出來的後代。

香港有句俚語: “竹門對竹門，木門對木門。”這種門當戶對的階級觀念，在馬場中有過之而無不及。舉個例子，如果你想找一匹非純種馬來與純種馬配種，而剛好這匹純種馬又有好表現的話，那麼，人們是不會讓牠降低身份與那匹“非我族類”的普通馬交配的。因爲，像這樣交配繁殖出來的馬，“名不正則言不順”，血統不純，是萬萬不可以在純種馬的“族譜”上題名的。而未能在“族譜”上留名的馬，沒有資格參加世界上一些重要的賽事。這條規例，普羅馬迷恐怕鮮有人知，但賽馬界的行家都會清楚。

由於這個原因，英國人每到一個新統治的地方，都有一種儲藏“純種馬”的自傲心理。他們帶着“純種馬”或非純種馬到世界各地，傳播有組織的賽馬活動，並與當地人共同參與。這樣一來，當地的老百姓就會認爲大家都是平等的了。因爲，一進馬場，不分國籍，不論貧富，大家都有同一個目的，即尋求下一場賽事的頭馬。有了這個共同的目標，大家就可以說話投機、和睦相處了。

其實，所謂平等，只是一種幻覺。因爲一旦離開馬場，又恢復了不同階級的區別。但是，對英國統治者來說，他們認爲，有了賽馬，確實會緩和與當地百姓的對立。有人認爲，這是英國人十分含蓄的殖民統治手法之一。

概而言之，賽馬確實不同於其他形式的賭博。其他形式的賭博，可以是帶有偶發性的。譬如東南亞某些國家，有人賭“下午幾點鐘會下雨？”這種賭法是十分帶有偶發性的。其他形式的賭博也有類似的情況，往往是一坐下來就賭。但賽馬就不同，它首先必須具備一個安定的社會環境，才可以“馬照跑”。因爲，人們進入馬場賭馬，衆所周知，資深馬迷首先要了解出賽馬匹的來龍去脈，牠們一星期前的表現如何，現在的狀態怎樣等等。所以，當一個馬迷投入對馬匹實力的研究之後，他必定盼望社會能夠安定。因爲只有安定的社會環境，才能讓他潛心鑽研“馬經”，他的嗜好才能得以維持和延續。

總的來講，嗜好賽馬的人，一般是不會“造反”的。除非這個人霉運當頭，賭得一敗塗地，竟發起瘋來，希望火燒馬場什麼的，那又當別論。即使這樣，就算有人發瘋賣傻，砸椅掼凳，因每戰皆北而造反，其他許多人也會自動出面制止。不這樣，場面出現混亂，賽事不能進行，少了一次“發達”的機會，對馬迷來講，認眞“大件事”哩!

遠的不說，在香港賽馬，就談近二三十年吧，也曾發生過這樣一種事:譬如全部馬迷進場後，天氣突變，大雨如注，或馬伕因某種原因，集體罷工，馬會不得不宣布取消賽事或腰斬比賽。這樣令馬迷大掃其興的事，如果發生在另外的場合——如球場等，按照香港人的“脾氣”，勢必會引起騷亂。但有趣的是，碰到這種突發事件，馬場依然秩序井然，甚至不必驚動警察，普羅馬迷也會心平氣和地慢慢散去。因爲馬迷們“心有靈犀一點通”，大家心知肚明，鬧事只會破壞下面的賽事，於人於己無益。所以，在這種怕沒得賭的心理支配下，就產生了一種無形的制約作用，馬迷們也就會自律了。

縱觀香港自有賽馬以來，可以這麼說，越是馬迷多的地方，越不會有破壞的現象出現。這一點，正是英國統治者夢寐以求的。不言而喻，這十分有利於他們的殖民統治。可不可以這麼說，香港的賽馬，對整個社會的安定，起到了一定的作用。

爲了鞏固殖民統治地位，英國人在他們統治的殖民地社會裏，盡量做到不與當地百姓直接接觸，避免正面的利益衝突。他們會在當地處心積慮地製造一個中間階級。這些中間階級是介乎統治者和被統治者之間，並起着執行統治者意旨命令的作用。這麼一來，因爲有了這個“隔火層”，被統治者如果有反感，也不會把“火”直接燒向英國人，而是向中間階級發洩。

當時，在香港擔任中間階層角色的，包括一部分葡萄牙人，一部分印度人。因爲有了這層關係，自從香港割讓爲英國殖民地後，香港人就很少與英國人直接打交道，打交道的只有少數買辦階級。這些買辦階級是爲英國人做生意的。在香港，他們屬於極少數，與大多數香港人的身份是不同的。

值得一提的是，英國人對賽馬這玩意兒的處理手法又與上述不同，他們希望普羅大衆都變成馬迷。所以一開始有賽馬，就公開宣布歡迎不同階層的人都進馬場投注。另一方面，英國人又想保持其超然的身份，即使在馬場也不願與本地人直接接觸。所以大家都保持一定的距離，這種距離體現在馬場上，就是看台上的區別。那時，英國人的看台在一邊，華人的看台在另一邊。英國人的看台除了個別大買辦可以進去外，華人是不許進入的。雖說在賽事白熱化時，大家可以忘情地遙相呼應，但畢竟河水不犯井水，“楚河漢界”分得淸淸楚楚。

後來，這華洋“涇渭分明”的看台又是在怎樣的情況下“合二而一”的呢？且待下回分解。

（二） 看台倒塌火燒馬棚
六百無辜葬身火海

二十世紀接近二十年代時，發生了一場世界大戰，我們稱它爲第一次世界大戰。因爲當時亞洲方面沒有什麼戰事發生，戰爭是在歐洲爆發，所以也有人稱之爲“歐戰”。

這場戰爭，對香港社會影響不大，不論是戰雲密布的大戰前夕，或是炮火連天的戰時，香港社會都沒有什麼大的變化——包括馬迷照“刨馬經”，馬場馬照跑。但是，在大戰將近結束時，香港賽馬界却發生了一件轟動全港的大事，這就是被後人稱之爲“火燒馬棚”的慘案。

“火燒馬棚”，顧名思義，只不過是燒了一些馬棚，充其量也只是幾匹馬葬身火海，怎麼會變成轟動全港的大慘案呢？這就要從“馬棚”談起了。

原來，當時的香港，觀賽馬的看台就叫“馬棚”。“棚”的本意是由“戲棚”開始。“戲棚”不是正式的戲院，廣東一帶流行什麼地方有神功戲開演，就在那個地方臨時搭起一個棚。直到今天，香港較偏僻的地方，仍然有搭棚來做神功戲的習俗。

五十年代前，香港不但有“戲棚”，還有“波棚”

和“馬棚”。“波棚”就等於足球場的看台，仍然是竹木結構，直至球季結束，才把棚拆掉。至於“馬棚”，進入本世紀後，英國人自用的看台，並不是用竹和木板來搭建的，他們用三合土灌鑄固定的看台，既穩固又舒服。而與英國人看台遙遙相對的華人看台，不但位置較差，加以只是竹木結構，衆馬迷一踩上去，已是“吱吱嘎嘎”作響，搖搖挩挩。賽事進行中，加上馬迷揮手舉拳，狂呼亂叫，眞可謂:賽場裏沙塵滾滾，馬棚上險象橫生。當時華洋看台的區別，比現在“公衆席”和“會員席”的分別還大許多。

當時跑馬地馬場中心是沒有看台的，並不像現在有內場席，一般“馬棚”是搭建在場外，“馬棚”下面又有很多熟食檔在那裏擺賣。另一方面，那時的安全措施遠沒有像現在這麼嚴謹。現在任何公共場所都有固定人數的限制，當時却沒有。試過那年因爲“打吡大賽”有多場重要賽事，到馬場看跑馬的人特別多，“馬棚”上人頭湧湧，安全很不保障。但因爲以往均沒出過什麼事，許多人也就不在意了。

話說1918年2月26日，星期二，這天是馬季新年度開鑼的第二天，不但是一年一度的周年大賽，兼且又逢農曆新年期間(正月十六日)，前往馬場的馬迷人山人海，盛況空前。由於人數實在太多，當賽事進行到第五場時，一座塞滿觀衆的看台因不勝負荷，終於“稀哩嘩啦”地倒塌下來。本來這樣的棚架看台不算太高，就算塌下來最多也只會壓傷部分人或壓死幾個人而已，照道理不至於釀成大慘劇。可惜的是，當時棚底下有不少火旺油滾的熟食檔，棚架一塌，正是“乾柴遇着烈火”，再加上當時風高物燥，棚架壓倒火油爐，“呼啦啦”一下子便燒將起來，很快就四處蔓延。看台上的人驚慌失措，你推我擠，爭相逃命，但早已被大火包圍，不知往哪裏逃生才好。

這場大火僅僅燒了二十多分鐘，但已使六百多人葬身火海，受傷者更不計其數。大火滅後，跑馬地屍骸遍地，死難者面目全非，慘不忍睹。這就是香港賽馬史上震驚中外的“火燒馬棚”大慘劇。

現在，如果我們前往掃桿埔政府大球場看球賽，抬頭就可以看到一個名叫“咖啡園墳場”的地方。在那裏，豎有一座題爲“戊午馬棚遇難中西士女之墓”的紀念碑，以紀念這件事。

值得一提的是，那天賽馬雖因大火而腰斬，但在遇難者中却沒有一個英國人；被燒死的除了華人之外，還有少數印度人，一兩個葡萄牙人。他們也是因爲沒有資格進入英國人的石屎看台，才遭此惡運的。由此可見，賭馬雖不分彼此，但從看台的劃分，也使人分明感受到種族的歧視。

死者已矣！火燒馬棚距今已七十多年，以今日科學之昌明，馬場設施之現代化，可以斷言：像“火燒馬棚”這樣的大悲劇肯定不會再重演了。

（三） 省港罷工華洋對峙
離鄉背井勢成水火

第一次世界大戰結束時，中國是堂堂正正的戰勝國，却因爲當時的政府腐敗無能，被列强趁機而入，他們不但分割中國國土，又進行私下轉讓。如德國本是戰敗國，但它却可以冒天下之大不韙，把所佔的中國國土轉讓給日本人。這一行徑，大大激發了中國人的憤慨，先是有如火如荼的“五四運動”，繼之又爆發了工人大罷工。一時間，反帝反封建的熊熊烈火直燒到香港。

1921年1月，香港海軍船塢工人和電車工人率先罷工。1922年1月，又發生了海員罷工。到了1925年6月，憤懣的情緒就像積聚已久的岩漿爆發了出來，導致了震動全國的、聞名中外的“省港大罷工”。

在罷工的高潮中，香港的華人認爲無法再跟外國人合作，掀起了各行各業工人大擧辭職返鄉的浪潮。有人義憤地揚言: 乾脆讓香港只留下外國人!

這次大罷工，除了上述原因外，另一個原因是香港的英國人視華人爲二等公民，令到絕大多數有民族自尊心的中國人無法忍受。在對立情緒最惡化時，英國殖民者曾威脅說: 如果有錢的華人離開香港一段時期尚不回來，則將沒收他們的物業財產。

華洋對峙，已勢同水火。罷工浪潮持續的一年多裏，香港的經濟幾受摧毀，店舖門可羅雀，生意一落千丈!

在這樣不景氣的情勢下，英國統治者開始意識到: 罷工運動如果持續下去，必將兩敗俱傷，最後很可能導致同歸於盡。於是，就宣布撤換當時的港督列金諾·史塔士爵士 (Sir Reginald Stubbs)，調來新任港督薛西爾·金文泰爵士 (Sir Cecil Clementi)，以圖緩和當時大衆的憤懣情緒。

1923年11月1日，金文泰抵港履新。他採取了"懷柔政策"，先從買辦階級入手。他答應: "只要香港人肯返回香港，將受到友好對待。"也就在這個時候，省港大罷工的經濟基礎也不太穩固，因爲不少離開香港的華人到了廣州或其他地方，都很難找到工作，生計頓時成了問題，現在既然英國人肯讓步了，他們便也不再堅持，於是紛紛返回香港。

金文泰見發出此招，形勢已有了轉機，便又順水推舟，通過買辦階級與廣州當局談判，一談談了七個月，終於在1926年10月，廣州當局宣布撤消大罷工。這場持續了一年零四個月，可算是中國歷史上時間最長、最爲轟動的"省港大罷工"才正式結束了。

事後，英國人認爲，這場聲勢浩大的大罷工最終不至於令到全港經濟完全癱瘓，香港的買辦階級功不可沒。在社會秩序完全恢復正常以後，香港的華人感覺到英國統治者的態度有了改變，且較爲友善。其中，最顯著的體現是在賽馬場上。

(四) 英人省悟懸崖勒馬
馬會接納華人會員

省港大罷工結束後，英統治者爲了籠絡華人，就把馬場的看台統一起來，不再分華人看台或英人看台。馬會這時也開始增收華人爲會員。香港賽馬會雖然成立了幾十年，只是到了這個時候——即二十年代，才有華人會員。此外，也開始有華人馬主以及中國沿海商埠來香港策騎的華人騎師。

回顧往昔，中國沿海各商埠，特別是上海、天津、青島以及長江中游的漢口，都是較早就闢爲通商口岸的，在那裏也有賽馬場。可以這麼說，那裏的華洋交流還早於香港。因爲那裏的馬會很早就有了華人會員、華人馬主、華人騎師等。所以，華人進入馬會最遲的，反而是香港。

說到省港大罷工時期的賽馬，在罷工初期，幾場賽事都不理想。特別是起初幾年，因未容納華人會員，場面更爲冷落。究其原因，除了經濟不景的影響外，原來香港賽馬，在當時被認爲是一種貴族化的玩意兒。因爲，一開始投注，最起碼是港幣五元。而那個時代的五元相當於現在的五百元。這麼大的“最低投注額”，只有有錢人才玩得起，衆多的“打工仔”進了馬場，也只有“看跑馬”的份兒了。加上省港大罷工的影響，賽事就不免一落千丈，整個賽馬場也就顯得冷冷清清。曾經有一年，馬會爲了挽救這個頹局，試過把最低投注額由五元降至兩元。但即使這樣，衆多馬迷的熱情也沒有因此高漲起來。出乎當局意料之外的是，降低投注額後投注的人更少。所以到了第二年，馬會再恢復以五元爲最低投注額。

俗話說：形勢比人強。只是到了省港大罷工結束，加上實施了吸納華人爲馬會會員後，賽事的投注才逐漸好轉起來。

（五） 中國馬來源“有段古”
八聯軍締造“Z班馬”

香港自有賽馬以來，初期規模並不大，每年只是舉行兩三次賽事而已，當時也還沒有輸入純種馬，而只用軍馬作賽。

賽事初期，賭博的成份不太濃。那時英軍備有軍馬，空閒時，不同的部隊以跑馬比賽爲樂，偶而也下注少量金錢賭一賭。但距離眞正賭馬，還遠不成氣候。

馬會正式成立後，除了以軍馬作賽外，也有用一部分民間的馬匹——這些民間的馬匹是屬於洋商的，有些他們是用來狩獵用的，有些則供打馬球時策騎。這樣，打馬球用的馬一年也會客串一兩次出賽，在快活谷馳騁。所以，馬會初期賽事用馬也不怎麼統一，但歸納起來，基本上是這兩類馬匹出賽。

那時候，軍馬是由歐洲或印度運來，路途當然十分遙遠；而打馬球用的馬則大多從菲律賓、婆羅洲或北婆羅洲運達香港。當時，這些地方盛行打馬球，自然而然就訓練了一批供打馬球的馬。但這些馬也有些先天不足，即是馬匹身型較小，在打馬球時策騎倒還合格，如果要作爲賽事的馬匹，則顯然不夠份量，看起來也不太理想。但由於外來馬的數量本來就不夠，一年舉行一兩次賽事已感到吃力，後來發展到舉行更多的賽事，更加顯得不敷供應，也就只好將就了。

起初，香港舉辦周年大賽，是在1月份舉行，在一個星期內安排五天賽事。由於時間集中，很多外埠人都趕來參加，甚至遠如上海的，他們不但自己參加，連馬匹、騎師也一併帶來，眞可謂“水陸兼程、馬不停蹄”了。

馬匹不夠，賽事又多，這是一件頗爲傷腦筋的事。爲了發掘馬源，在二十世紀初，只好就近向中國大陸輸入馬匹。這些統稱“中國馬”的馬匹，實際上幾乎淸一色是“蒙古馬”，屬於蒙古地區的小馬種。外蒙古當時出產很多這樣的馬。這些中國馬可以不經水路而從陸路運來香港，比起從外國運“舶來馬”要快捷得多了。

中國自各個通商口岸有了賽馬以後，爲了供應貨源，馬販子便不辭勞頓地從外蒙古販帶大羣馬進關。那時候的馬，其身份當然不如現在這麼珍貴，要用飛機或汽車運送，可以省却舟車勞頓之苦。當時，這些蒙古小馬種在馬販子的皮鞭下，要自己“嘀嗒嘀嗒”地，披星戴月，自己走進關內。套用兩句古詩，當時的情景可以說是:“雞聲茅店月，蹄迹板橋霜”。一路風塵，蹄聲“沓沓”，從蒙古出發，沿着“風吹草低見牛羊”的大草原，經哈爾濱一路挺進張家口，而後過了“天下第一關”的山海關，再進入天津。當時的第一個集中點是天津。因爲天津旣接近北京，又有各國租界，所以那裏的賽馬也相當盛行。

馬販子驅趕一大羣馬（通常有二三百匹之多，不可謂不“大陣仗”）進關以後，得到消息的國內大馬主就紛紛派遣他們的主任騎師到馬匹集中地挑選這些“生財工具”。當時做一個主任騎師不像現在這樣。現在的主任騎師，只要你有好馬給他騎，他騎得好就行了。當時的主任騎師還得親自不遠千里，風塵僕僕地去選馬。例如: 馬販子有兩百匹馬給馬主挑選，而馬主要挑選五十匹，那麼，這選馬的責任，就落在主任騎師這位“伯樂”身上。大家可以想像，那些馬長途跋涉，過關闖隘了兩個多月，即使本來是肉滿膘肥、神采飛揚，到了集中點，也不免變成瘦骨嶙峋、疲態畢露了。從外型看，一般人根本無法分辨出哪匹是風馳電掣的千里馬，哪匹只是會吃草的膿包。萬一漏選了好馬，而好馬又被別人選了去，這主任騎師的責任可就不小了。可以說，從馬主這位“米飯班主”看來，這位主任騎師是犯了很大的過失，其飯碗能否繼續保住，也就在未知數之中了。

所以，當時較有名氣的大騎師，都配有這樣一位“軍師”，憑着他的經驗和獨到的眼光，挑選出讓大騎師能在馬場上得勝揚威的好馬來。

再說馬主，也有大小之分。大馬主不必說是錢多，一口氣可以認購三五十匹馬，自然有優先選擇權。大馬主認購一輪後，剩下的才由小馬主去挑揀。

最初，“選馬會”的地點設在天津，選了一輪後，剩下的就運到上海再選。經過這樣一輪一輪地篩選後，可想而知，運到香港來的馬大多已是別人揀剩的，要從中再選出能在“場上飛”的良駒，已經不那麼容易“執到”了。

雖然當時香港賽馬的規模，還比不上中國沿海商埠如天津、上海、青島等地，但因爲中國馬陸續有來，就算路途遙遠，質素較差，那也算“遲到好過冇到”，足以應付越來越頻密的賽事，香港馬源缺乏的問題，總算解決了。

香港的大馬主，當時很多是洋人。他們不但在香港本地擁有馬匹，在多個通商口岸也有馬匹。前面說過，財力雄厚的馬主選馬有優先權，當馬販子帶着馬羣進關後，他們自然不甘人後，也爭相去挑選。選中的馬匹，有些就直接運到香港來操練、參賽。這些“一手貨”當然比經過天津、上海挑選後剩下的馬匹質素高得多了。由於這個原因，香港後來賽馬用的馬匹，還不至於“失禮死人”，演出尚能保持一定的水準。

有一點值得一提，即香港的賽馬當時與各通商口岸的賽事一脈相承，賽馬會之間互通聲氣，保持密切的聯絡。賽事的安排，一方面避免重疊，一方面把時間盡量錯開。如香港舉行賽事，其他地方就不安排比賽。這樣，香港舉行譬如像周年大賽的盛事時，就能滙集各路英雄人馬，齊集香江，一試高下了。期間，不但有其他口岸的大騎師紛紛南下參與賽事，他們還帶備質素不錯的馬參賽，乘“駕輕就熟”之利，以爭取贏得重要的錦標。當然，這些身經百戰的名駒，爲了保存體力，因而得以享受坐輪船的待遇，以期能揚威香江，奪標而歸。

這個年代，香港賽馬場除了有中國馬外，還有一種叫“Z班馬”的。“Z班馬”是怎麼回事呢? 原來，八國聯軍侵略中國的時候，也有騎兵隊伍。當時，這些騎兵只顧搶掠中國的寶物，到處遺棄自己的坐騎，讓牠們自生自滅。當地老百姓見到這些被遺棄的軍馬，就拉回家中飼養，並同中國馬配種，繁殖出一種土洋結合的新品種，這就是後來人們稱之爲“Z班馬”的馬了。

起初，在安排賽事時，“Z班馬”是和中國馬一起跑的。不久，馬迷們逐漸發覺“Z班馬”一般都比中國馬跑得快，中國馬根本不是牠的對手。由於兩者相距太遠，因而後來便設立了“Z班馬”。

天津、上海、青島這三大通商口岸，每當舉行賽馬時，總是把中國馬和“Z班馬”分開來跑的，但香港在開始時並沒有正式的規例給予限制。當時比較具體的限制，只是馬匹的高度——如果馬匹的高度超過十三掌以上的，就不准牠們參加賽事。馬會定在每年元旦日，對馬匹的高度重新進行度量。度量的方法是由地面的蹄部一直量到“莊頭”。所謂“莊頭”，是指馬頸和馬身相連的那個部位——即是以馬頸凸起的那塊肉來計算的。如果年齡較輕的馬，因尚未長到足夠的高度，是勉强可以過關的。但馬長大後，就有超過規定高度的可能了。有的馬主，爲了使馬能順利過關，特地在元旦前將馬蹄切割得很薄很薄，以降低馬的高度。只爲了那一寸半寸，就斷定那馬是否有資格在香港繼續出賽，可見，馬匹的身高在香港賽馬初期是十分受人重視的。

“體高制度”除了適合中國馬之外，在有澳洲馬輸港時代也沿用下來。當時，有部分澳洲馬運到香港後，因超過規定高度而不能出賽，那倒其實是爲制度所累，因爲除了中國馬與“Z班馬”的體高有別，可以影響速度較大以外，從別處來的馬，高矮與快慢是完全沒有影響性的。但制度立了，沒有人及時去將之合理修改，所以“以高度計負磅”（Weight-for-Height）的不合理制度，一直保持到六七十年代才改正。這種制度就是馬匹在未編班之前，一起平賽時，較高的馬要給較矮的馬讓磅，雄馬要給雌馬讓磅，以示“男女體能有別”。還有，年齡大的馬也要讓磅給年幼的馬。

（六）“九一八”禍及香港地賽馬會馬源突短缺

“九一八”事變後，日本人從東北三省入侵中國，經過不長時間，便全部佔領了東北三省。

原來外蒙古運入的馬，其路線一定要經過東北才能進關，現那裏局勢不穩，馬販子也大大減少了做買賣馬匹的生意，天津、上海、青島等通商口岸的馬源也因馬匹的運輸路線戰亂頻仍，交通受阻而供不應求，山間暫無鈴響馬帮來了。不必說，香港賽馬活動受到的影響更是嚴重。

到了1931年，香港地馬源缺乏的情況惡化到了頂點，即中國馬再不能運來，馬會遲早“執笠”——關門大吉。這個時期，又恰恰是馬會規模擴大甚速的時期，爲了能保持“馬照跑”，只能到其他地方尋找馬源。經過一連串的研究，決定在較接近香港的澳洲運馬來應急。

1931年開始，香港開始試辦澳洲馬比賽的事宜。當時賽事仍以中國馬爲主，澳洲馬爲副。作爲這種後備保險性質的澳洲馬，身材比中國馬高大得多，速度也快，中國馬根本不是牠的對手。所以，自有澳洲馬在香港作賽的十年間，中國馬和澳洲馬都是分開來跑的。編起賽事，也分爲兩項進行。譬如有錦標大賽，則分爲中國馬錦標大賽和澳洲馬錦標大賽。

（七） 澳洲小馬威盡香江
中國小馬分道揚鑣

1931年澳洲馬開始運來香港，直至1941年太平洋戰爭爆發爲止，實際上只有十年光景。

初時，澳洲馬來香港作賽，只是處於副車地位。到了後來，中國馬來源日見短缺，而澳洲馬要補充容易得多，一是在澳洲挑選這種小型的雜種馬並不太難，二是水路可以通行無阻，所以，到了1937年，香港賽馬場上出賽的馬匹變成了以澳洲馬爲主，中國馬爲副了。

接近1941年，由於耳濡目染，香港馬迷對澳洲馬不斷加深了認識，有了好感，捧場的人越來越多。可以說，這段時期，澳洲小馬威盡香江。

從中國馬獨霸賽事，到澳洲馬陸續加盟，人們就聯想到：如果再有其他的馬來參加競賽，肯定更加熱鬧。

再說回中國馬。中國馬之中，除了配售馬之外，另外一些馬是馬主從其他地方選購後再帶回香港參加賽事的。所以中國馬方面，向來也分爲兩種。

從1940年開始，澳洲馬中，又有一種叫“拍賣馬”的，它的身份和澳洲馬又有不同。譬如馬會在澳洲選一百匹馬，精選二十匹質素較高的留下來，剩下八十匹作爲配售馬用。那二十匹馬不作抽簽配售，一俟運到香港，就在馬會會員中作公開拍賣，價高者得。

由於中國馬和澳洲馬各有兩種，所以，那幾年香港賽馬的一些錦標賽就有了一些與衆不同的地方。譬如一次打吡大賽就由四種馬分別進行，即中國配售馬打吡賽，中國非配售馬打吡賽，澳洲馬打吡賽及澳洲拍賣馬打吡賽。同樣，冠軍大賽也分成幾場分別進行。

與現在不同的，除了上面所述，尚有自購馬的購買權。當時，馬主有權自己在中國選購幾十匹馬，現在是要先抽簽，你拿到一個購馬權才可以購馬。

到了第二次世界大戰結束後，香港賽馬步入復興期，馬匹的需求量與時俱增，這時中國馬的供應又處於青黃不接的階段，賽事活動就全由澳洲馬來支撑大局了。

至於澳洲馬來港發展後，香港賽馬會再由其他地區運入“純種馬”來參與賽事，打破澳洲馬“一統天下”的壟斷，這已是職業賽馬的另一個新時代了，屬於後話。

（八） 大陸香港交流賽馬 周年大賽怪事連篇

中國多個通商口岸既然有賽馬活動，當然擁有馬場。有些較繁華的都市，如號稱“冒險家的樂園”的上海，十里洋場上就有三個馬場。在那馬會全盛期內，三個馬場分別由不同的馬會經營：有純是華人的馬會，也有純外商的，還有華洋結合在一起的。

香港馬會同大陸各通商口岸馬會之間，都保持着相當的聯繫。因爲有些外商到中國做生意，不但在香港擁有自己的馬匹，而且在那些通商口岸也是馬主，這就使得大陸和香港的馬會音訊不斷，關係密切。特別是香港每年舉行周年大賽時，很多通商口岸均有人趕來參與這個盛大的賽事。

所謂周年大賽，在香港賽馬史上，佔有十分重要的地位。它不但歷史悠久，而且規模較大，一向以來甚獲馬迷重視。

周年大賽是在一天內共舉行十二場賽事，分成上下午各半場；上半場跑四場，中午十二點開始，開賽時間分別是：

十二點跑第一場

十二點半跑第二場

一點跑第三場

一點半跑第四場

每隔半個鐘頭舉行一場比賽。四場跑完後，就休息一個半鐘頭，作爲午飯時間。下午三點正開始第五場賽事，仍然是每隔半個鐘頭跑一場，把剩下八場賽事跑完。

周年大賽規模最大時，曾有過一星期內舉行五天賽事的紀錄。這五天的賽事是這麼安排的:

星期六——舉行首天的賽事;

星期天——沒有安排，休息一天;

星期一至星期三——每天都舉行比賽;

星期四、五——再休息兩天;

另一個星期六——舉行大賽的最後幾項賽事。

換句話說，八天裏有五天是賽馬日，其中有三天是賽事不斷。現在，香港人已不習慣這樣"打孖"的賽事了。所以，近年來馬會也再沒有作出這樣的編排。

讀者也許會問: 當年周年大賽，爲什麼要把這麼多場重要賽事編排在一起呢? 這個問題問得好，且聽我細細道來。

當時的馬會作風與現在不同。當時各大通商口岸常有賽馬活動，其中不乏馳騁馬場的高手和四蹄生風的良駒，馬會舉行這樣一個周年大賽，是想藉此吸引各地的大騎師能在那幾天滙聚香江，在比賽中顯示高超的馬技，像一個賽馬節一樣，搞得熱熱鬧鬧。而這種形式，在當時世界上頗爲流行。當然，現在的香港人對這樣安排並不習慣，他們認爲連續五天賽事是十分疲累的事——"刨馬經”要“刨”得地暗天昏，而且荷包也要大出血（當然也有收穫甚豐的）。他們寧願每個星期六都有賽事，賽事過後，休息幾天，養精蓄銳才重新開戰。

周年大賽在當時來說，確實是很不簡單的盛舉。試想想，在短短的時間內，邀請各大通商口岸的大騎師以及“超級馬迷”雲集香港已非易事，何況要在短短五天內舉辦六十場比賽，其中，全年的四分之三重要錦標賽都在這五天內開花結果，賽出名次，送出獎盃。馬會爲此必須付出龐大的人力、物力、財力，才能做到讓周年大賽順利成功，功德圓滿!

周年大賽固然任務繁重，既緊張又刺激，但也不乏一些趣怪的事:

小孩子進馬場——歐美地區賽馬，是歡迎小孩子免費進場觀看的，只要他們不進投注大堂進行投注，就不加以約束。西風東漸，香港賽馬會也學習歐美這種作法，在賽事的最後一天，允許小孩子進場觀看，但不准賭馬。這種作法在第二次世界大戰以後沒有沿用下來。大家都知道，現在香港賽馬會是不允許未成年兒童進馬場的。

俗話說，巾幗不讓鬚眉，女中自有豪傑。周年大賽另一個特色就是每年舉辦一場婦女賽。

婦女賽明文規定必須由女騎師執韁策騎;

女騎師當時大多數是洋人。

戰後取消了這種賽事，如是女馬主領到特別申請的牌照，每當晨操，當別人的馬操畢回到馬房後，她們可以鞭策自己的馬進行操練，但却不可以領得出賽的牌照，與戰前時代不同。

當時較有名氣的，如李黛夫人、奇勒夫人等，都曾在戰前的馬場婦女賽內躍馬揮鞭，一展英姿的。

與婦女賽相映成趣的，那時馬會還每年有一場所謂“馬伕賽”。乍聽其名，人們或許會以爲這是在馬場拉馬的馬伕進行比賽。其實不然。參加“馬伕賽”的騎士，有的是練馬師，有的則是副練馬師或騎馬人。

婦女賽和馬伕賽，不但點綴了當時周年大賽的緊張刺激氣氛，別具一格，也活躍了場上千萬馬迷的熱情，自然會給人們留下難忘的記憶。

作爲周年大賽的特色，值得一提的還有一場賽事，這就是“怡和盃賽”，也叫做“渣甸盃賽”。怡和的英文名是JARDINE，譯音是“渣甸”。衆所周知，直至現在，怡和仍是香港著名的大洋行之一。本地人曾流傳說，統治香港的並不是香港政府，而是馬會、滙豐銀行、怡和洋行這三大機構。可見怡和在香港人心目中，實在有着舉足輕重的地位。加上香港馬場所在地，又是屬於怡和的，所以，變成怡和這個機構，是支持香港賽馬最出力的大洋行。怡和平時也鼓勵屬下員工參加賽馬，所以歷來這機構產生的騎師相當多。因此，周年大賽特設一場賽事，就叫“怡和盃”。“怡和盃”規定跑六百公尺，它的特點是路程最短，而且不是普通的讓賽，而是“距離讓賽”。那是指馬匹由不同的地點起步，並指騎師一定要是怡和的僱員才可以參加。戰後這種形式和賽事不再有了，近年恢復的“怡和盃”則僅是名目相同而已，性質全改變了，是一場豪華的讓賽。

當年“怡和盃”是一場距離讓賽，爲什麼起步時規定要有距離呢? 這並非根據馬匹的實力來規定差距，而是根據鞍上騎師騎術的高低來讓距離。所以他們的坐騎並不在同一地點起步，主要是不想變成騎術高强的一兩個騎師操縱大局，失去了扣人心弦的競逐，比賽就變得乏味了。

周年大賽除了比較特別的“怡和盃”外，還有一項叫“騎師盃”的，指定由當時的見習騎師參賽，這也是業餘賽馬時代的一個特色。上述各項特色賽事，戰後仍有採用的，只得“騎師盃”。有個時期，差不多每次賽馬，第一場均安排作見習騎師賽。當時，見習騎師唯一能參加的錦標賽，就是“騎師盃”了，這也是周年大賽一項相當重要的項目。因爲這項賽事不是爲馬主而設的，所以“騎師盃”冠軍得主產生之後，捧盃的是那位鋒頭盡出的見習騎師了。這個盃賽，至職業賽馬時代到來才取消。

周年大賽既有這麼多盃賽，不可謂不多姿多彩了。但論最有特色的，却還是人們津津樂道的“婦女銀袋賽”了。

“婦女銀袋賽”的賽程是跑一個圈，利用揮旗來起步，不同於當時或現在用閘網或閘箱的辦法來開跑。

當時的騎師是屬於紳士騎師的性質，不同於現在的職業騎師。他們的身份是屬於上流社會的。

“銀袋賽”開賽時間也頗見心思，它必定是編排在周年大賽某一天的第四場，即上半場的最後一場。爲什麼呢？因爲當賽事完畢舉行頒獎儀式後，即由頒獎的淑女同冠軍騎師共晋午餐，而這極富浪漫情調的午餐是在馬會特別安排的廂房進行的。

除了有這特別獎賞，頒獎儀式也富有情趣。“婦女銀袋賽”每年負責頒獎的淑女都不同。頒獎儀式是淑女把一個銀袋頒給得勝的騎師，如果騎師打開銀袋，裏面有二十一個銀幣，騎師自己可以保留二十個，而必須把另一個仍然留在銀袋裏，關上銀袋後轉贈給那位窈窕淑女。

試想想：騎士捧盃，淑女頒獎，特別廂房，共晋午餐，是不是眞有一點“英雄奪得美人歸”的成就感呢？

由於這個原因，“婦女銀袋賽”就變成很受人重視的賽事；

也由於這個原因，多少騎士使盡渾身解數，以能捧“袋”爲榮。

但天下事無奇不有，對於參加“婦女銀袋賽”，多少人趨之若鶩，竟也有人避之唯恐不及。據說，有人寧願放棄參加這一項賽事，爲的只是怕老婆大人“呷醋”。這種“自動讓賽”的怪現象，也只有在“婦女銀袋賽”中才會出現的吧！

“婦女銀袋賽”至今仍然保留下來，足見“不懼河東獅子吼”的畢竟大有人在，其賽事特色也眞正“魅力沒法擋”了！

（九） 抗戰時香港“馬照跑”
皮雅士戰死在沙場

1937年抗日戰爭爆發以後，中國內地各通商口岸，大部分因戰事不再舉行賽馬了。但香港似乎“得天獨厚”，賽馬活動並沒有因戰爭的影響而停止。所以，內地有部分人來香港參加賽事。

如果說在這段時間內有什麼改變的話，最大的改變只是大馬主將他們的馬匹逐漸減少，這是他們了解到形勢不尋常所致。但總的看起來，香港方面尚不至於有很大的動盪。實際上，那時香港人口越來越多，1937年至1941年香港的賽馬尚能維持繁榮熱鬧的場面，但隨着戰爭的升級及戰火的蔓延，很多人已憂心忡忡，隱約感到這熱鬧的局面不會維持太久。雖然也有些人心存僥倖，希望戰禍不要波及香港，但有政治眼光的人已認爲這是不可能的事。在那樣的不明朗形勢下，不少人也就隨遇而安，照樣投注搏殺，實行“今朝有酒今朝醉”了。

太平洋戰爭是1941年12月8日爆發的，而香港直到1941年12月6日（星期六）——即太平洋戰事爆發的前兩天，還在舉行賽馬，跑馬地照樣人頭湧湧，普羅馬迷照樣大做其發財夢！誰也料不到，星期六跑完馬，星期天休息一天後，星期一（1941年12月8日）早上八點多鐘，日軍轟炸機向啓德機場投下炸彈，廣大市民被“轟隆隆”的爆炸聲驚醒了，香港淪陷期至此揭開了噩夢般的序幕。

在當時，香港馬會主席是英國人皮雅士先生，可惜的是，他在保衛香港的戰事中不幸犧牲了。

現在，賽馬時有一場取名爲“皮雅士紀念盃”賽的，就是爲了紀念在香港賽馬相當繁榮的時代執政任主席，對香港賽馬會貢獻良多的皮雅士先生的。

(1941年～1945年)

香港淪陷時期

（十）淪陷時期賽馬新招 馬匹騎師中文題名

香港在1941年12月至1945年8月，被稱爲三年零八個月日子最難過的淪陷時期。

在這段日子裏，日本軍隊佔據了香港，使香港整個社會結構起了很大的變化。其他方面，報刊雜誌的有關報道已經是車載斗量，在這裏主要談談當時的賽馬情況。

日軍在佔領香港後，不理民不聊生、哀鴻遍野，爲了粉飾太平，製造一種娛樂昇平的繁榮景象，在香港淪陷的幾個月後，很快就恢復了賽馬。

由於在香港保衞戰中，英軍只支持了幾個星期，所以戰事對香港的破壞程度不太大。山光道馬房裏，因戰事被炸死或槍炮打死的馬匹也不多。除了少數現役馬被日本軍人徵用外，馬房裏仍然保留有八成以上的現役馬。

因急於恢復賽馬運動，日本人特地以精糧餵養馬匹，這些餵馬的糧食比香港升斗市民吃的還要好。由於戰爭的影響，香港當時糧食供應不足，造成了糧荒，市民每人每天只配給六兩四錢大米，而供應馬吃的糧食比人吃的多得多也好得多。眞眞是今不如昔，人不如馬了。

日本侵略者對恢復賽馬情有獨鍾，另方面却刻意消除英國人統治香港時的痕迹。譬如：一向以英文爲主的香港賽馬活動，日本人佔領香港後，就把本來用英文命名、書寫的不論馬匹、騎師或他們的掛牌，全部改成中文。

香港當時與大陸淪陷區有不同之處，因爲大陸淪陷區仍然有日本人扶植的僞政權充當門面，所以運用的文字就沒有多大改變。日本人把香港當成一個特殊區域，所以把全部地名、路名等等都改掉。譬如我們習慣上叫“快活谷”的跑馬地，日本人就把它改成“青葉峽”。

可以說，馬匹用中文命名，是從日軍佔領了香港以後才開始的。當時的馬名不同於現在，現在可以有兩個字、三個字，甚至四個字的馬名，而當時的馬名一律只用兩個中文字，而且馬名大都相當文雅。

說到淪陷時期以前，由於全用英文馬名，加上不論任何國籍的騎師也一律用英文名，大多數不識英文的普羅馬迷，進馬場賭馬時，選什麼馬投注、什麼人策騎，不免有“矇查查”的感覺。那時就算有少數馬經在中文報章上出現，因爲是音譯，馬名既不統一，也不夠完整，非得在西報上才可以找到完整的報道。

如果說在香港淪陷期賽馬有什麼值得介紹的地方，那也僅僅是打破了慣用英文命名的傳統而使用中文，給了華人馬迷較大的方便，其他方面則是乏善足陳了。

用中文給騎師、馬匹命名，從淪陷期一直沿用到現在。要說日本人在淪陷時期香港賽馬活動中所體現的“正面價值”，恐怕也就是改英文爲中文這件事較爲有意義了。如果當時沒有實施這樣的做法，中文馬名、中文騎師名（包括外籍騎師）不知何年何月才會在馬場上出現。

（十一） 馬匹命名早有規例 名駒名人不可套用

講到馬名，現在香港馬圈裏的馬名，眞可謂多姿多彩，令人眼花繚亂。

在1948年上陣馬全部正式有中文馬名後，當時賽例允許中文馬名不一定非是牠的英文譯名不可。也就是說，馬會允許馬主有權保持同一匹馬而中、英文名字不同。

譬如一位外籍馬主，他只選了一個英文名來命名屬下的馬，如果他願意，馬會就會替他的馬譯一個中文名。不然，馬會也會尊重馬主的意願，讓他保持同一匹馬而中、英文名字可以風馬牛不相及的。

但應該說明：也不是馬主願意命名什麼都可以。

以英文名來說，現在就規定世界上名駒的名字不可以套用。

即使是以前，馬會也還有個規定：如果是屬於香港的名駒，就不准許別人套用。

但有時也有一些例外。

譬如，一位馬主在很多年前擁有一匹馬，那是他的得意之作——曾經替他贏過很多賽事而聲名大噪的，而這匹馬的威水史又已相隔十幾二十年了，那麼，這位馬主如果申請用回那個令他念念不忘的馬名在一匹新馬身上，就有可能獲得馬會接納。

但是有個條件限制，即是原來那匹馬不可以贏過香港賽馬中什麼大賽的紀錄，以免令人產生混淆，否則，如果馬主堅持要用回原名，也只能採取一個折衷的辦法，叫做“××二世”、“××三世”之類的命名。

儘管命名方面有明文規定，但在香港賽馬史上，也的確有重複馬名的事。

這些爲數很少的重名馬，至少是相隔十五年以上，而且大都是在當時知名度不高，不會一提起就讓人想起以前那匹馬才行。

這一規定，對命名中、英文馬名是一樣的。

民間有話說:“不怕生錯命，就怕起錯名”。這個說法，使香港產生了不少“改名專家”。別說是人，就連馬匹，人們也願意聽到一個神采飛揚，有着“好意頭”的名字。

但馬會對命名馬匹也還有一些特別的限制:

譬如，馬名不可以用來開玩笑;

不可以用社會上知名人士的名字命名等等。

此外，馬名的長度也有限制: 英文馬名不可以超過十七個字母; 至於中文馬名，從職業賽開始，就限制到最少要用兩個字，最多不超過四個字了。這是有別於業餘賽馬時代了。在業餘賽馬時代，記得有位馬主周煥年醫生，他屬下有匹馬，就起了六個字的中文名，叫做“嘉華大慶祝日”。

至於當時最短的馬名，則只有一個中文字，相當傳神，叫:“奔”！

（十二） 何金棠掛帥當主席 平頭馬判決何其多

在淪陷時期，馬主與馬的關係又有什麼變化呢?

如果在戰前由中國人做馬主，淪陷後，這些馬仍然歸中國馬主所有。除非馬主離開了香港不再回來，他們旗下的馬才會轉讓給其他人。

外籍馬主可就沒有這麼幸運了，因爲當時的外籍人士十之八九被關進了集中營，他們名下的馬匹不是被日軍充公，就是拉出來讓其他大馬主競投。

外籍大馬主中，偶而也有例外。葡萄牙在第二次世界大戰中是中立國，葡萄牙馬主在淪陷期內不但不必被抓進集中營，他們的馬匹也得以保留;由於日本人鼓吹建立所謂的“大東亞共榮圈”，他們贊成印度獨立，所以對印度人也網開一面，不抓進集中營。當然，那時如果葡萄牙人或印度人是當兵打仗或替英國人服務的，就不在這優待之列了，他們同樣難逃一嘗集中營的鐵窗風味。

日本人爲了控制馬會和擴展賽事，淪陷期內新加入了一些他們自己的新馬主。其中，有一部分是來香港經商的日本商人。因爲日本馬主在馬會中所佔的比例甚大，加上他們所處的地位非常特殊，所以一舉一動就十分引人注目了。

淪陷期香港恢復賽馬後，爲了讓馬迷們恢復信心，日本人就游說拉攏何金棠出面當馬會主席，同時兼任賽事裁判。

何金棠何許人也？原來他出身於名門望族，在戰前一段時期已是香港赫赫有名的大馬主了。太平洋戰爭爆發前，他不但把自己馬房的馬匹減少，自己也已逐漸淡出馬場。但爲了找一個有聲望而又爲香港人熟悉的名人來壓住陣脚，日本人就找上門去，千方百計地用威逼利誘等手段迫使何金棠出任馬會主席兼任裁判。

在日軍統治下的香港，作爲華人的何金棠身負此任，確乎感到左右爲難。有時一場賽事，明明是日本馬主的馬跑輸了，爲怕惡勢力報復，也只好隻眼睜隻眼閉地判雙冠軍——也就是現在的所謂“平頭馬”。

怪事年年有，當年特別多。那個時期，賽事中所謂的平頭馬特別多。身兼馬會主席及裁判的何金棠，在此十分尷尬的情勢下，不久就藉着健康理由引退，直至戰後都不再出現於馬場了。

在騎師方面，由於當時外籍騎師大部分身陷囹圄，所以每次跑馬都是以中國騎師爲主。中國騎師中，也有一部分屬於暫時客串性質，他們策騎了一段時間，大概感到“左右做人難”，不久就索性躲進大後方，有幾位是去了上海。

在當時太陽旗下的所謂“青葉峽”裏，冒出的新秀騎師有郭子猷。有人說郭子猷是日本華僑的兒子，也有人說郭實際上有日本人的血統，只是過繼給了日本華僑。

這樣當時得令的特殊身份，加上他精通日文，所以很快地就成了馬場上的大紅人。其實，郭子猷在戰前，是在澳門正式策騎的，在香港只參加過一場正式賽事。香港淪陷後，他利用自己特殊的身份“過江搵食”，成爲了叱咤馬場風雲的鋒頭人物，並得過香港淪陷期“冠軍騎師”的稱號。

郭子猷淪陷時期在馬場上戰績彪炳，但是當時舉行的賽事，香港賽馬會並不承認。所以，郭子猷在戰後被罰停賽六個月期滿復出後，仍然只能以見習騎師的身份參賽，並不因他在淪陷期曾贏出超過十場馬而承認他的“黑牌”（正式）騎師地位。

但是，在戰後的見習騎師當中，郭子猷顯然以他純熟的騎功和豐富的經驗而鶴立鷄羣。他之所以復出後能屢建奇功，頻頻奪標，也就是意料中事了。

這種情況，可以說是相當微妙的。

至於郭子猷眞正的身世，由於衆說紛紜，當時也無人加以考證，眞相也就無從知曉了。

除此之外，外籍騎師方面，有兩三位是葡萄牙人。另外有一位叫范義德的，在戰前已經在馬場上戰績彪炳，由於他所持的國籍也是中立國身份，也在淪陷期的香港參加了小部分賽事。

日本投降後，香港馬會重組時，這些在敵僞時期曾經參賽的騎師，人們認爲他們有媚敵的成份，都受到了暫時停賽的處分。其實，在當時這些人中，有些也是被迫的，所謂“人在江湖，身不由己”，並非自己心甘情願。

（十三） 距離讓賽强弱懸殊
拉車馬兒濫竽充數

淪陷期香港賽馬所用的馬匹，多數仍是戰前的現役馬——包括澳洲馬、中國馬等。在那三年零八個月裏，只有從台灣運來二十匹新馬參賽。除此之外，再沒有其他新馬補充了。

戰亂年代，百業不景，民生凋蔽，物資奇缺。雖然說馬糧比人吃的糧食精細，但供應也並不是十分充足。加上當時醫藥設備不足，導致現役馬死的死、傷的傷，沒過多久，馬房越來越顯得空曠，現役馬越來越少了。

馬源不足，賽事照常，爲了支撑大局，到了1943年底1944年初，出現了一種新賽事——“距離讓賽”。

當時，澳洲馬在數量上勉强可以跑幾場賽事，但中國馬則每下愈況，數量日見其少。

因爲兩種馬速度相差太遠，中國馬與澳洲馬必須分開來跑。中國馬太少，只好編排一些“距離讓賽”。這種形式和戰前的“怡和盃”一樣，即參加同一賽事的馬，根據牠們各自的實力，起步地點不同，以取得在接近終點時競逐白熱的高潮。

但是，就連這樣的勉爲其難的“距離讓賽”，也因馬源實在缺乏而發生了困難。

有些人在挖空心思之餘，想到了在九龍尖沙咀的拉車馬。原來，當時尖沙咀有些交通路線是用馬車代替巴士的。戰爭時期汽油供應奇缺，公共汽車很少，有人從別的地方找來幾匹可以拉車的馬權以代步。

由日本軍政府管理的馬會，經過研究之後，認爲與其讓牠在尖沙咀拉車，不如來個“物盡其用”，徵入馬會參加賽事，以補充馬源。於是，那些本來用慣碎步，“嘀嗒嘀嗒”地在尖沙咀踱步的拉車馬，就冠冕堂皇地在充滿搏殺氣氛的“青葉峽”登場了。

可以想見，這些未經正式訓練，又是雜種馬的“馴服運輸工具”一經登上風雲變色、吼聲震天的馬場，會是怎樣一種滑稽的情景：牠們雖然不至於嚇得屁滾尿流，但那種悠然自得的神態，那種慢得出奇的速度，不免引來馬迷們一陣陣“噓”聲。蓋因牠們速度之慢，甚至與中國馬比試，也往往被拉下一段很長的距離，簡直“冇得揮”！

爲了彌補這種濫竽充數的難堪局面，不至於讓馬迷們太過“冇癮”，馬會就想出了這種“長距離讓賽”的新招來。

譬如：在同一場賽事中，最快速的中國馬於距終點一里外起步——相當於一千六百米賽程，而拉車馬則在賽程的中途地點——即八百米處起步，等於跑一半就可以了。但可惜的是，就算這麼處心積慮的安排，對拉車馬來說，也缺乏回天之力，牠們仍然沒有把握贏中國馬。可以說自有“長距離讓賽”開始，拉車馬從未榮獲過冠軍（雖然從實質上講不是冠軍），經常是“叨陪末座”，充其量牠們之中的“佼佼者”，也只是跑過一兩次“位置”而已！

儘管拉車馬戰績不如人意，但馬源奇缺，馬會也顧不上那麼多了。當時現役馬都跑得很“殘”，哪怕早已是“馬齒徒增”也還不能退役，非得在馬場上“鞠躬盡瘁”不可。記得當時有一匹名叫“石榴”的馬，跑到二十多歲了，還不能光榮退休，仍然得上賽場“捱”那風燭殘年。

以現在的眼光來衡量，年紀這麼大的馬，雖然是“老馬識途”，但畢竟體力退化，“獻醜不如藏拙”，不會讓牠出賽的；但那時，這樣的老馬也還得在“噼噼叭叭”的鞭策聲中，拼盡吃奶之力奮勇向前，實在是萬不得已的事了。

（十四） 活馬不足木馬頂替 馬迷“餓馬”照樣下注

到了1944年底，馬源缺得更爲嚴重。每半個月才舉行一次賽馬，一天內舉行六七場賽事，每場也只得四五匹馬上場。其場面之冷落，與大戰前的周年大賽的輝煌盛況，眞是有天壤之別。

爲了挽救這個頽勢，馬會眞的是傷透腦筋，奇招迭出，又想出了用木馬代替活馬競賽的新招數。雖然是補充一兩場賽事而已，但對於“餓馬”的馬迷來說，總是聊勝於無吧!

木馬怎麼跑法呢? 那就是在公衆席上端，用繩子吊起來，把木馬放在某一個角度，然後用一個特製的閘閘住。一俟馬迷投注完畢，便把閘門打開，那些木馬就會同時從鐵繩上滑落下來。裁判便看哪匹木馬先抵達終點，就判它得冠軍，順序而來的是第二名、第三名，依此類推。

這種形式簡單易行，投注者對賽果也一目了然，同現在小孩子“跑木馬”的遊戲大同小異，中不中彩完全是靠碰運氣，也可以說是沒有辦法的辦法了。

香港馬迷因爲“餓馬”實在太久，情緒無處發洩，所謂“飢不擇食”，連這種平時大家看不起眼的小孩子玩意，也照樣來者不拒，踴躍下注，並且逐漸習以爲常。

（十五） 速步賽犯規常出現 第五名竟頒冠軍獎

即使馬會絞盡腦汁，搞這個搞那樣地增添項目，但現役馬數目確實太少，馬迷們總感到“到喉唔到肺”。所以，不久，馬會的智囊們又“度出另一道橋”，就是搞“速步賽”。

“速步賽”是只容許馬匹在賽事進行中快速踱步的賽事。馬是四蹄動物，如四脚凌空，就叫做奔跑；如果三隻脚凌空，時時有一隻脚着地，則叫做“三脚跳”。而速步則等於踱步，意思是兩隻脚凌空，兩隻脚着地。至於馬匹平時走路的習慣是三隻脚着地，一隻脚離地，所以都不相同的。

速步賽的規則是看哪匹馬踱步踱得快，先到達終點就是贏家。這種賽法，雖然缺乏那種風馳電掣的動感，沒有了那份驚心動魄的刺激，但在馬匹老弱傷殘居多的條件下，相對說來出賽的馬就不那麼辛苦，較不傷元氣，也可算是物盡其用的一種變通辦法了。

但速步賽與舉辦者的估計相反，此種賽事並不怎麼吸引人，馬會也只舉辦了一兩次就放棄了，究竟是什麼原因呢？

記得當時舉行第一場速步賽，馬匹到達終點時，評判才發現第一、二、三、四名的四匹馬在途中已經犯規——牠們超越踱步的規定而作過三脚跳，於是只好宣布取消前四匹馬的資格，由第五匹循規蹈矩到達終點的馬戴上冠軍的頭銜。賽果一經宣布，自然出乎人們意料之外，馬迷們於是大嘩。從投注人的立場來看，認爲這樣的裁決是相當武斷的。因爲這和以往的判法不同，以往的賽馬是不論那匹馬在途中怎麼犯規，牠跑完後可能被人抗議甚至被取消冠軍資格而領不到獎金，但投注者始終是以第一匹到達終點的馬爲冠軍馬而獲派獨贏彩金、以頭三匹馬獲派位置彩金的。

速步賽在第一場就改變了這種派彩慣例，自然要使衆多馬迷不服，他們的投注興趣大減，許多人寧願賭木馬也不下注速步賽。這樣一來，沒有什麼人捧場，速步賽在舉行一兩場後，也就無疾而終了。

（十六） 贏出頭馬不派彩金 無敵馬王空前絕後

普羅馬迷都知道，現在香港頂尖的名駒“翠河”。

有人會這麼想：如果“翠河”每次參賽而又每次都贏得“離行離列”的話，那麼，一般人如果都投注在牠身上，哪怕馬會最低派彩額是每十元派十元一角，也要蝕很多錢的。

萬一遇到這種情況，怎麼處理好呢？

當然，有人認爲上述估計未免過分悲觀。因爲，在一場有十多匹馬參加的賽事中，某一匹馬是否肯定能勝出，有很多因素實在無法預料。因此，這種情形不大可能發生。

但是，這種“無敵馬王”，在香港賽馬史上確實出現過。

在三十年代，有一匹馬叫“自由灣”。牠來香港參賽，從第一場開始，連戰皆捷，一連贏了二十多次頭馬而從未輸過。

記得當“自由灣”贏到大約第十場後，每逢牠參賽，人人都理所當然地投注在牠的獨贏身上，而當時馬會規定，每五元的投注額最少派彩是五元一角。

馬會的這一規定加上“自由灣”的驚人表現，確實使財雄勢大的馬會當局也困惑不已。

爲了擺脫困境，馬會只好引用當時剛公布的一條新例：既不能取消“自由灣”的參賽資格，牠的勝出照樣可以領取獎金，但是馬會不會接受對牠的獨贏或位置的投注。這樣一來，派發獨贏彩金實際上就由第二名的位置來頂替，以此類推，跟着後面的三匹馬就當成位置派彩。

“自由灣”就這樣地威風八面，在香港馬場稱雄兩三年才光榮退役。牠是一直到最後一場賽事都保持頭馬紀錄的。

至於其他時期，那些擁有“馬王”稱號的名駒，儘管牠們當時如何得令，往往到了某一階段，也會遭到“滑鐵廬戰役”，出現敗績而無法保持“常勝將軍”的輝煌紀錄。

縱觀香港賽馬史，迄今爲止，只有“自由灣”才有這份“只拿獎金、不獲派彩”的殊榮！

“無敵馬王”這頂璀璨奪目的桂冠“自由灣”是戴之無愧的！

（十七） 病馬老馬衝鋒陷陣
死馬傷馬橫臥沙場

到了1944年底，1945年初，日本軍國主義的“共榮圈”美夢已隨着戰事的迭變而蒙上濃重的陰影，由日本軍政府管制下的香港賽馬會也因馬源奇缺而大傷其神。儘管馬會出盡了“距離讓賽”、“木馬賽”、“速步賽”這樣的法寶，仍然未能挽救缺馬的局面。這樣，所有的現役馬頻頻參加賽事，也就勢所難免了。

凡事均有個限度。那些營養本來就不良的馬由於賽事頻繁，不是步履蹣跚，就是非殘即傷，早已沒有了那“春風得意馬蹄疾”的昔日雄姿，而是一幅慢騰騰，病懨懨的“死相”。

儘管如此，也還得帶着傷痛披甲上陣。可以想像，這些托着一副骨瘦如柴身軀的生靈上場拼搏，會是怎樣令見者心酸的情景了:

有的馬，未經起步，已是大汗淋漓，氣喘噓噓;

有的馬，在賽途中，一顛一拐，似跳獨脚舞;

更有的馬，一起步不遠就支持不住了，“撲通”一聲，隨着凄厲的嘶鳴，跪倒在地跌斷了脚——壯志未酬而橫屍沙場了。那種情景，眞有一種“出師未捷身先死”的悲涼氣氛。

遇到這種情形，怎麼辦呢？馬會早已僱請一些人七手八脚把死馬抬離賽場，以免妨礙其他馬匹繼續進行牠們的賽事。

（十八） 淪陷時期人不如馬
爲求活命人吃馬糧

香港淪陷時期，因交通斷絕，十分缺糧，開始每人每天還能配給六両四錢大米，後來就如“王小二過年，一年不如一年”了。在缺糧嚴重的時期，許多人不得不以木薯粉充飢，甚至在飢腸轆轆的情況下，連花生榨油後剩下的殘渣——俗稱“花生麩”的也照嚼不誤。

“民以食爲天”。許多人食不果腹，面黃肌瘦，而馬房的馬匹却配以精糧飼養，份量又比配給給人的多。於是就出現了“人馬爭糧”的事情。

當時，很多在馬房工作的人員看到配給馬吃的糧食又多又好，便私底下把部分馬糧尅扣下來，只把剩下的一半或四分之三留下餵馬。

在那兵荒馬亂的年代，人與馬爭食，尅扣馬糧的事層出不窮，嚴重地影響到馬兒的健康，因營養不足而傷病頻繁，甚至倒臥馬場，着地不起的死馬事件屢屢發生，也就在所難免了。

堪以告慰的是，隨着1945年8月日本軍國主義者的無條件投降，這種人馬爭糧的人間慘象終於結束了。

（十九）快活谷“蜀中無大將”台灣馬“廖化作先鋒”

台灣馬一向以來與香港的賽馬活動沒有什麼特殊的關係。直到淪陷時期，有一幫人曾帶過二十匹馬來香港參賽。有人說這批馬曾在台灣參加過賽事，但也沒有什麼確鑿的根據。牠們眞正的來源怎樣，沒有人知道。但可以肯定地說，這些馬不會是軍馬。

二十匹來港的台灣馬中，就算實力最强的，也無法與澳洲馬比。牠們跑起來，充其量只是比中國馬快一些。但當時由於香港已經三年多沒有新馬補充，這二十匹台灣馬的登陸，自然引起香港賽馬界相當大的興趣，無疑地給香港頻臨絕境的賽馬活動注入一支强心針。

台灣馬參賽後，賽事編排就相對說來較爲充裕，有一兩場賽事甚至可以有八九匹馬參加，較之以往熱鬧許多。因爲從淪陷期第二年開始，平均每場的出馬數量只得四五匹，有時甚至只有兩三匹馬參賽。

當時，一場賽事只有兩匹馬出賽絕非僅見，而是屢見不鮮。在那些只有兩匹馬參賽的賽事中，人們可以看到一個奇怪的現象，即兩匹馬不約而同都“跑”得很慢。

衆所周知，賽馬賽馬，“賽”字出頭，就是要比速度、比耐力、比後勁。馬迷們從那騎師執轡躍馬的英姿，從那馬匹如旋風般的疾步如飛的拼搏中，可以尋求刺激，獲得快感；那臨近終點、全速衝綫的一刹那，更是令人如醉如痴，手舞足蹈。

而現在，那兩匹馬在騎師一收一放的控制下，竟如丫環伴着小姐在後花園散步，豈不急煞人也？

究其原因，是兩個騎師都不想贏。

大家都知道，只有兩匹馬出賽，贏家非此即彼。要贏對方，得拼實力，勝券是否在握難以預料，而要輸給對方則簡單得多，只要盡量放慢速度，讓對方贏就是了。

結果是，你慢，我更慢，大家鬥耐性，比韌勁，哪管你馬迷山呼海嘯，我自閒庭信步，來個急驚風偏讓你遇上個慢郎中。

騎師鬥慢，都不想贏，這樣的怪現象，只有在淪陷時期才會發生。

至於騎師是不是都不想贏錢，而想贏錢爲什麼要鬥慢？聰明的讀者一想便知底細，就不必在這裏饒舌了。

（二十） 單槍匹馬獨捧獎盃
美國會所誤認不敬

上文提過，香港淪陷期內因馬源十分缺乏，所以曾有只得兩匹馬參加一場賽事，導致騎師"鬥慢"的怪事。

怪事年年有，當年更不同。在三十年代，香港賽馬史上就發生過一場賽事只有一匹馬參加的趣聞。

這場賽事的得勝者是當時的大馬主余東璇，那匹馬叫"金馬倫人"。

余東璇在三十年代有幾十匹馬，"金馬倫人"是其中的表表者之一。

那一次，照道理講，按正常做法是有這麼好成績的馬一定會安排參加打吡大賽的。但余東璇考慮到還有其他馬匹實力與"金馬倫人"不相伯仲，就把牠撥入參加另一場賽事。

這場賽事，就是"美國會所盃"。

消息一經傳開，其他馬主知道如果自己的馬放在"美國會所盃"賽裏和"金馬倫人"一起跑，勝出的機會很渺茫，於是，開賽前三十分鐘都沒有遞上"上陣志願書"。結果，你退出，我也退出。當馬會職員揭開"上陣志願書"的箱子一看，只有"金馬倫人"參賽的一份表格。

於是，這場別具生面的賽事開始了:

只見閘網一開，名叫安格拉松的騎師拉着“金馬倫人”象徵性地踱步走過決勝終點，就當成贏了這場賽事。

因爲是一場正式的盃賽，馬主仍然可以捧回“美國會所盃”。

由於只是一匹馬參加，“冠軍捨我其誰”，當然就不接受投注。

這齣馬場上的滑稽戲上演後，美國會所的主委誤以爲這是對他們會所不夠尊重，第二年就取消了“美國會所盃”賽。

一直到六十年代末七十年代初，美國會所的執行委員已全部換了新面孔，經過檢討，認爲當年一班馬主實際上不是看不起美國會所而不參加盃賽，只不過很巧合地大家不約而同退出比賽而已。於是，再恢復這項“美國會所盃”錦標賽。

這是香港自有賽馬以來，唯一一次只有一匹馬參賽的例子。

(1947年～1971年)

戰後復興期
至香港賽馬轉入全面職業化時期

（二十一） 跳欄賽“摩西”顯威風 復興期柯、郭分天下

香港淪陷期的最後幾個月裏，實際上當時社會已經非常混亂，樣樣事情都有衰敗、沒落的情況出現，所以也就沒有再舉行賽馬。

日本投降以後，由英國夏慤海軍少將率領海軍來香港接受駐港日軍受降。1945年8月日本軍國主義無條件投降後，因爲百廢待興，也就沒什麼人有精力去注意到賽馬這件事。

當時，英軍有相當的數目聚集在香港，也有一些騎兵隊伍，所以，曾經在粉嶺的舊馬場舉行過一日的軍馬比賽。

這次軍馬比賽，只有一些特殊階級可以進場參觀，普羅大衆不能進場。

至於香港重光後正式恢復賽馬，是在1946年1月才開始。

爲了盡快恢復賽事，香港馬會方面首先召集那些舊會員，再進行選舉新董事等等。這些工作，所費需時，所以，嚴格說來，在1946年全年裏，香港馬會也沒有正式舉行過賽事。主要是由於馬匹訓練未臻成熟，所以，賽馬活動仍由英軍主持。

1946年，快活谷有舉行賽事的話，全部由軍馬參賽。當時軍馬的數目不算很多，只有三四十匹而已。這些參賽軍馬，都是由軍部認爲不再用作軍事用途而捐出來作爲賽馬用的。當時這些馬都集中在山光道的馬房裏面。這個馬房本來可以容納幾百匹馬，現在只有三幾十匹，那是綽綽有餘的了。

軍馬旣然集中起來作爲賽馬用途，自然要有練馬師。當時這些馬匹都集中在一個練馬師的管理之下。這個練馬師名叫阿簡，是印度人。阿簡在戰前已經是一位正式的、有牌的練馬師。在淪陷期內，他雖然仍然留在香港，但却沒有參加日本軍政府屬下的所謂“競馬會”進行馴馬工作。由於這個原因，到了戰後，山光道馬房的馬就指定由他來管理、操練。

至於騎師方面，則指定只有駐港英軍的海陸空三軍人員才可參加。因爲那些參賽軍馬沒有馬主，也就不需要設置什麼特別獎金。但爲了鼓舞士氣，每場比賽還是準備了少量的獎金，指定由入圍的幾位騎師分攤。

就算是這麼小規模的賽馬，因爲當時香港人已經是相當“餓馬”了，即使每兩三個星期才舉行一次賽馬，依然獲得因戰亂離港避難，因太平逐漸回港的香港人所擁護的。

在這一年的賽事裏，最特別的地方，就是在快活谷這個賽馬場舉行過馬匹跳欄賽。

當時逢到賽馬那天，馬會通常是安排六場賽事。有時全部是平地賽，用草地來跑；有時是五場平地賽，一場跳欄賽。

跳欄賽是用沙地來跑的。而那些供馬跳過的欄，則只是用竹枝架起來，可以說是相當簡陋的。

記得，在一次跳欄賽中，有一匹馬叫“摩西”的，與其他參賽馬比較，牠簡直是“龐然大物”。“摩西”這匹馬，根本就沒訓練過跳欄。賽事一開始，牠不但跑得快，而且力大無窮，拼命往前衝。霎時，那些用竹枝架起的欄，早已被牠撞得“分崩離析”，散落一地了。而其他跑道上的馬却循規蹈矩，雖然搏命地猛跑猛跳，都比不上“摩西”那“勢如破竹”來得快。

經此一役，許多馬迷對“跳欄賽”頓時興趣大減了。在跑軍馬的下半年，賽事也就不再編排“跳欄賽”了。

1946年下半年，馬會方面的工作已開始恢復，舊會員全部重新註册。同時馬會經開會決定，爲了補充新血，由澳洲運來九十匹新馬，作爲香港賽馬復興期第一年的馬匹用。

但是，今時已不同往日，由於戰事初定，當時想找上九十位馬主並不那麼容易。

在第一年認購九十匹新馬時，馬會表示: 希望那些較有經濟實力的商家，每人至少能認購兩匹馬，多多益善。

因爲，那時，至少要有一二十位馬主每人認購兩匹馬，九十匹澳洲新馬才能做到都有所歸屬。

時移勢易，僅僅過了三年，也就是大約到了1949年，就變成了馬主多過馬匹的局面。可見，戰後復興初期的情形與日後相差多遠。

不過，1946年的動員認購過程，也出現過認購不只兩匹馬的馬主。其中一位大馬主李照南，十分“大手筆”，一口氣就認購了五匹馬，一時在馬圈中傳爲美談。

當時的情形同現在比較，自然不可同日而語。

現在是哪怕你再有錢，可以買起其他許多別人連想也不敢想的東西，但是，作爲配售馬的馬主，你就不能同一時期擁有三匹現役馬。這樣的規定，以現代科技高度發達，經濟迅猛發展的社會來看，無疑是公平、明智的。

當時，那些馬主認購了馬匹後，大約到了當年的秋季——八九月份，這些“嫁杏有期”的澳洲新客運抵香港，開始了牠們異國“搵食”的生涯。

由於初到貴境，加上操練需時，所以在1946年下半年，賽事的舉行照舊靠軍馬來維持，軍馬繼續充當主角的角色。

到1947年初，澳洲馬經過悉心操練，已能上陣。於是，就舉行正式的賽事。

儘管補充了這些新馬，總的數目仍然不夠。於是，馬會一方面把每次的賽事安排在不超過七場，另一方面依然需要軍馬出賽——單獨安排純粹由軍馬參加的場次。

軍馬作賽，都是在賽馬的序幕即第一場出賽，第二場開始，才由澳洲馬亮相。同樣，第一場上場的，也只能是軍人的騎師，其他身份的人無從問津。而其他六場，則由正式領有牌照的騎師執轡。

與第一場非軍人騎師一概“免問”的規定相比，從第二場到第七場，騎師身份就有彈性得多。比如，軍人騎師中，騎術特別好，又領有特別牌照的，照樣可以在剩下的六場賽事中揮鞭上陣，與其他騎師一爭高下。

在1947年馬會正式“重打鑼鼓新開張”的賽馬活動中，還特別規定一點: 在淪陷期內曾經參加過賽事的騎師，全部要被罰停賽六個月，以示懲戒。到了1947年下半年，那些被停賽的騎師才陸續在馬場上重振雄風。

開初那六個月，馬場上鋒頭最勁的，則是一位名叫柯圖茂的騎師。

柯圖茂是一位有俄羅斯血統的英國籍人。他是在戰前即太平洋戰爭爆發前夕才踏足香港，據說是從中國北方南來的。

在那藍天白雲下，縱橫馳騁於廣袤無邊的大草原的柯騎士，在香港快活谷馬場一露面，即捲起一股“柯氏旋風”。他以那十分了得的騎術、不凡的身手一鳴驚人，使其他馬場健兒黯然失色。

可惜的是，他參賽僅僅幾個星期，香港的上空就響起了日本軍國主義轟炸機的嘯聲——太平洋戰爭爆發了。

在戰事初起時，柯圖茂不愧爲血性男兒，他毅然投鞭從戎，參加了香港抗日義勇軍。香港淪陷後，他被投進了集中營，一直到香港光復。

隨着太陽旗在香港除下，快活谷又響起了馬蹄“沓沓”的聲音，柯圖茂也重拾馬鞭，他很快地又成了馬場上威風凜凜的鋒頭人物。在那時可稱得上一枝獨秀。

回憶當時，在復興期最初幾年裏，馬場幾乎可以說是柯圖茂的天下，他還榮獲過好幾屆“冠軍騎師”的榮譽呢！

1947年下半年起，那些在淪陷時期曾參與賽事的騎師紛紛恢復了參賽資格，亮相馬場，賽馬場上更熱鬧了。這時，有一位騎師很快就成了柯圖茂的馬上勁敵，那就是前面提過的郭子猷。

在1747年下半年至1950年三年時間裏，在馬圈及馬迷中，柯、郭這兩位炙手可熱的頂級騎師，可謂名震馬場，威盡香江的。

當時的馬季與現在不同。現在的馬季是在秋季開始，也即是在馬兒歇暑之後，譬如現在的賽事，即1991-1992年的馬季，是從1991年9月至1992年6月。當時的馬季是以一個年度計算，即是從元旦日開始至大除夕（12月31日）止作爲一年的賽馬期。到了下一個元旦，又是另一個馬季開鑼了。這種春季始業的安排，其實並不如現在秋季始業合理。

再談談練馬師方面。在業餘賽馬時期的練馬師，實際上同“馬伕頭”沒有什麼太大的分別，他們的地位遠遠比不上騎師。

當時，有很多馬主是兼做騎師的，所以騎師屬於“紳士騎師”，地位遠在練馬師之上。

香港賽馬，實際上有很多的地方同其他地區不同，也可以算是有香港特色的。比如說，星加坡、馬來西亞舉行賽馬比香港早了幾十年，當地也有業餘賽馬。但每年充其量也只有六七次而已。

那些地方的“業餘賽馬”規定除了那些騎師應當是業餘之外，甚至連練馬師都不可以作爲“專職”。也就是說，如果那位負責練馬的人是個僱員的話，是受薪的，那就變成不是純粹的業餘賽馬了。

而香港的賽馬，當時雖然不算完全職業化，但也不純是業餘賽馬，因爲練馬師全是專業的。

（二十二） 試機賽事僅跑四場 人手撕票改機械化

在香港的賽馬活動中，到底哪一天賽事是安排得最少的呢?

排除賽馬活動中部分賽事因種種原因而腰斬外，馬會正式安排一天最少賽事的，就是試機賽。

試機賽的擧行是在1952年。在這之前，全部賽馬的投注，都是用一種人手撕票的方式，即全部是人工化的。試機賽是將一個電算機來處理全部的售票程序，發出來的票雖然與現在的不盡相同，但原則上是一樣的。也即是說，由機器來操縱點票等等，由人工化轉變爲機械化。

這個香港第一部的電算機，實際上是1950年左右就開始安裝。在最初的一年多裏，售票機整個操作系統安裝得不理想，在未全部解決技術上的問題前，電算機上的顯示板只可以顯示出某一場賽事頭四名次的號碼、派彩數目、取勝距離、比賽速度以及有無抗議之類。

電算機的安裝使用，無疑地給賽馬活動提高到一個比較科學的管理層次，也大大方便了馬迷。現在的顯示板，譬如說頭幾名馬的名次，很快就淸楚地顯示出來，除非要影相或有人抗議之類。

沒有電算機之前，一場賽事結束後，公布名次的方法是用人工掛牌。因爲是人工掛牌，所以十分緩慢。那時掛牌，是一格一格地把公布名次的馬名牌逐一掛上去，所以，有經驗的馬迷就很留意哪一個牌掛在第一格。工作人員在公布名次的木牌全部掛好後，才用繩子拉上高處讓觀衆看賽果的。這種人手操作的落後方式，現在當然是看不到了。

馬會在1952年上半年一個星期二舉行的試機賽，在這裏值得寫上幾筆。

試機賽那天，馬會特地安排在下午五點半進行第一場賽事，目的是讓一般人在五點鐘下班後可以趕到馬場參與投注。

雖說是試機賽，實際上同正式賽事一樣隆而重之：別看它僅僅安排四場，馬迷們照樣十分踴躍地投注，賽事中騎師照樣拼盡全力，公布賽果也鄭重其事，當然照樣也有馬迷們最有興趣的一點——買中了派彩。

之所以特別强調這一些方面，主要是說明試機賽不是“玩玩吓”就算數，它甚至與七十年代開始有夜馬賽事時的“試燈賽”不同。

十幾年前的“試燈賽”，馬迷們應當是記憶猶新的：那時，馬會擔心那些照明系統的運作是否能十分正常，所安排的幾場賽事只屬於練馬性質，並不設有投注。

試機賽則不同，爲了要檢測電算機的各種操作是否正常，就編排了這四場正式賽事。

由於那時已接近夏天，五點半第一場開跑，七點鐘全部賽事已經結束，夕陽的餘暉還映照着快活谷那闊大的馬場。

試機賽終於順利進行了。這也是香港馬會有史以來一天內安排最少賽事的一次。

（二十三） “公衆意見”無人肯吼
馬會私下預防“中招”

香港賽馬，現在的投注額不但大得驚人，而且是全面開花。只要是上陣馬，就有不少人投注。哪怕是再陌生再冷的馬，情有獨鍾或抱着搏它一搏的僥倖心理的，也大有人在。

但在香港賽馬史上，確曾有過上陣馬而沒有人投注的現象。

以前，因爲沒有電算機，全部是採用人工售票，所以，售票時不能即時顯示每匹馬的總投注額，確實出現過上陣馬沒有一位捧場客的情況。不只是第二次世界大戰前有這樣的例子，在賽馬戰後復興期也有。

爲什麼會這樣呢?

因爲，當時在新馬一起上陣的場合，有時一出場就會有十幾二十匹馬一起跑。其中，有的馬操練得很不充分，或者質素太差，明知道跟着去跑會輸得一條街道那麼遠，馬迷們也就沒有人肯投注了。

話說到了1948年，發生過有一匹馬竟完全沒有人投注。也許是法律意識加强了的緣故，馬會高層突然警覺到: 萬一有什麼特別的情況使那匹普羅馬迷的“棄兒”勝出的話，哪怕是僅僅跑出位置，那麼將怎麼處理呢?

這在法律上，將會是相當棘手的大事。

所以，馬會針對這一情況，商議出一條不成文的條例，即萬一遇到這種十分特殊的情況，馬會就採取起碼會在這匹馬身上投注一張票的做法，以免引致發生法律上的大問題。

這條例雖然是只屬於內部規定，沒有正式公布過，但後來是否眞正實施過，就我所知，是還不曾。

因爲，從那次以後，還不曾出現過有因沒人肯投注而又勝出的馬；

也因爲自從那次以後，好像有什麼默契似的，直至現在，再也沒有一匹馬沒有人下注的了。

話說回來，當時那匹十分平庸，令到公衆中甚至連一個人也不肯投注的馬，有個很有意思的名字，恰恰叫做“公衆意見”。

“公衆意見”當時加入現役馬的行列，跑過兩三次後，就因爲公衆意見一致不願捧場而退役了。相信在四十年代末的馬迷當中，對牠尚存有印象的沒有幾個人。

但是，作爲一匹公衆意見均不願投注的馬來說，牠的出現曾引致馬會本身更改賽例，而這賽例又不曾正式明文載入馬會的賽例之中，這一與衆不同的遭遇，使得“公衆意見”這匹馬在香港賽馬史上佔有一席位置，這一點，我想，公衆是不會有意見的。

（二十四） 投注熱門談何容易 心算賠率口頭報訊

未有電算機之前,馬會派工作人員撕票給投注的人。這種落後的投注方式，現在很多人恐怕很難想像。

復興期之初的賽馬，投注形式自然沒有現在這樣五花八門，這樣的品種齊全。當時只有獨贏和位置這兩種最基本的投注形式。

譬如有一場賽事有十四馬跑，馬會就會把投注大堂分成一半窗口專門投注獨贏，另一半窗口投注位置，並且各自標上馬匹的號碼，以示區別。

可以想見，那時並沒有什麼先來後到的排隊制度，那麼，熱門馬的投注窗口勢必人頭湧湧，你推我擠的亂成一團了。搶位打尖的現象，也就屢見不鮮。

因爲誰要是懂得怎麼搶佔有利地形，懂得怎麼排衆而入、乘虛插進，那麼，投注成功的機會就比其他人大得多。

在大家爭先恐後地投注熱門馬的情況下，秩序相當的混亂自不待言。如果是動作遲鈍，身單力薄的人，更是分分鐘都有買不到票的可能,“見財化水”是常有的事。

而投注大冷門，則因爲其窗口前往往是只得小貓兩三隻，你可以慢條斯理地從容買票，就是到了截止前的最後一分鐘，依然可以做到手到票來，永不落空。

也許是冷門馬特別容易投注（不單是賠率高）的緣故吧，慢慢地也就形成了有人專“吼”冷門馬，專門投注冷門馬的現象。

說到買馬——即賭馬，馬迷們都懂得綜合各種資料進行分析，然後才“落鎚”下注。——當然，像牛頭角天天上街市買餸的順嫂們，只憑心水買馬是個例外。當時，就算買熱門馬，哪怕在投注買票時也得分析當時窗口前的形勢，以便能順利地搶位打尖，“成功登陸”。

譬如：你想買一隻3號的熱門馬，不必說，投注3號馬的窗口前必定其門如市，擠得水洩不通。這時，投注經驗豐富的馬迷先是會冷靜地站在外圍觀察一會兒，然後再決定從何處打尖挺進。

3號馬的窗口既然不能實施正面突襲，那麼就採取迂迴包抄的戰術，即看看3號隔壁的2號和4號窗口的形勢。如果當時2號賣的是次熱門，那就不必打那裏的主意；但4號是冷門，則已明擺着大大地有機可乘了。這時，那些識途“老馬”們會先往4號窗口霸位，然後趁3號窗口人流湧動之機，慢慢地用力將身子斜斜地插將進去。隨着這一寸一寸的緊挨挺進，那鍥而不捨的努力不多時已能收立竿見影之效。許多人還在後面亂哄哄地擠成一堆時，你已經是大功告成（雖然是臭汗淋漓地），勝券在握了。

買熱門馬的窗口前這一情況，也可說是當時一景吧！

另一方面，由於當時沒有電算機，馬迷們都不確切知道哪匹馬是眞正大熱，哪匹又是冷馬，跑出來後又可以派多少錢，都是靠估計投注而已。所以，當時有些“心水清”的人，就在那列長長的投注窗口一路打橫走過去，邊走邊留意每個賣票的窗口分別賣了多少票，以此來估計那些馬的賠率到底是多少。

這種辦法看似非常原始，但在那個年代，也確實能估個八九不離十。譬如1號馬賣了五百張票，2號馬賣了兩千張，3號馬賣了六千張，而4號馬只賣了四百張，那麼，不必說3號馬是大熱門了。根據賣票的數量，粗略也可以估計到可以派多少錢。這樣，這些人就傳出口訊給看台上的朋友，讓那些下注的人心中有數。

現在，我們只要看一看馬場內大顯示板上的賠率就了然於心，不能不使人感到社會的進步和科技發展的神速了。

（二十五） 閘網閘箱種類繁多 “偸鷄”搶閘各顯神通

香港賽馬，開始時很多設備都很原始及簡陋。

二十年代以前，所有的比賽都是用揮旗來指揮起步的。揮旗起步有個好處，就是比賽路程的長短靈活很多。因爲只要量好所要比賽的距離，可以說馬場跑道上任何一個點都可以作爲揮旗起步的地點。

後來，賽事的起步演進成用一種叫“閘網”的工具來控制。“閘網”起步的方法是：先設置了固定的起步點，然後在跑道的左右兩邊豎立兩根木柱，裝上彈弓式的彈網，只要這張“網”一拉起，就表示比賽正式開始，馬匹就可以一起發力起步了。

當時，馬匹的起步並不像現在這樣整齊劃一，每匹馬都排在自己的位置上蓄勢待發；

當時，馬匹並沒有“閘箱”限制住牠的位置，所以很難令牠們排得整齊。

唯一的辦法是讓騎師策着坐騎一起兜一大圈後聚在一起，也不管排得整齊不整齊，“司閘員”一踩脚掣，只見那閘網應聲彈起，馬匹就可以衝出去了。

這種起步的方式，相當考騎師的功夫和膽色。

很明顯，如果這位騎師估計到司閘員這一下就會踩

閘，那麼，他就可以有意識地策馬向前，閘網一彈起就往前衝，搶先出閘;

再有一種情況是:如果這位騎師平時和司閘員感情好一些的話，就可能互相有個默契，他的馬一到閘網前，那司閘員就踩脚掣"放行"，他一發力就衝出去了。

不言而喻，這樣"時間啱啱好"的完美起步，是可以佔有一定的優勢的。

那時，香港參賽的馬匹並不像現在的體積這麼大。早期用中國馬，較爲矮小;後來，從澳洲運來的馬，前文說過，也有一個指定的高度。有一個長時期限制在十四掌三以內，後來因爲不容易找到那些小馬，用上了普通的大馬，高度才放寬到十五掌或十五掌一。

至於每一場參賽馬匹的數目，當時也不像現在限制得這麼嚴格。現在像沙田馬場這麼寬的跑道，充其量只允許每場不超過十四匹馬出賽。

而在當時的跑馬地，不但允許二十多匹馬一齊出賽，如果是體積矮小的中國馬的話，甚至可以看到三十多匹馬一起參賽的"盛況"。可能是沒有用"閘箱"的緣故吧，那些馬匹起步時前後排成兩列，也不顯得太過擠逼。這種情況，一直延續到了有電算機的時代，才把每一場出賽馬的數量限制在二十隻之內。

話說回來，用"閘網"的時代，如果出賽馬的排位是在20號以後，起步的距離也不會相差得太遠。即是說，譬如21、22號位之類的，也不過排在第二排而已。用現在的話說，只是相差一個馬位，那情形就同賽車的排位差不多。

對於賽馬來說，大家都知道，有時僅僅是一線之差，就決定了這匹馬是飲譽香江或是鎩羽而歸。這樣，當時凡屬排在二十名以外的馬，多數都變成了大冷門，因爲牠們起步的位置確實比前排的對手明顯地吃虧很多。由於形勢對牠們不利，能跑入三甲的可能性就小得多了。

到了五十年代中期，已經不用這麼簡單的閘網式了。雖然實際上也是用網來起步，但已不必要求馬匹打一個圈圈然後才參差不齊地排列起步，而是改用木欄式架在閘網後面。換句話說，所有參賽馬一定要全部在閘網後面，並排站在木欄指定的位置，那樣，馬匹在起步時就整齊多了。

木欄式閘網的起步方式，固然有它的好處，但因爲那些木欄是臨時用釘釘在草地上，馬匹起步後就由工作人員拔起來運走，這種起步的情形，實際上對騎師而言是相當危險的。因爲有的馬一入木欄，就急不可待地往前衝，一旦閘網還沒有拉起，騎師分分鐘會變成"網中人"。

木欄式閘網除了對騎師會構成危險之外，對馬迷的投注也有不利之處。如果你投注的那匹馬已經下到草地，就算牠始終不肯入閘。也作爲參賽失敗論，投注的款額就不能領回。這樣，不少馬迷對這種規定印象相當不好，因爲它會導致許多人無謂的損失。

過了不久，這種木欄式閘網的起步方式因不受歡迎又不安全而廢除了。

有鑑於此，後來就改成鐵閘式的起步——類似現在的閘箱，雖然不像現在用的這麼完善，但形式上直到現在也沒有改變。鐵閘式的起步，馬匹發力衝出時不但整齊得多，也不會因前文提到的原因對某個騎師有利或因閘網罩住而發生危險。

值得一提的是: 用鐵閘式起步的方式，如果馬匹不肯入閘的話,起初是由工作人員左推右拱,硬把馬匹"塞"進去。後來，感到這種方法太危險——時時會被馬匹踢傷，就禁止採用這種强"馬"所難的方法。

至於以往有的騎師先讓工作人員牽引賽馬，讓空馬先入閘然後騎師才翻身上馬的做法，經常都可以看到。後來，也只有在很特殊的情況下，才允許這樣做。

以上所述，可以看到，香港賽馬活動的起步方式，隨着"閘"的不斷改進，變得更加安全，也更加合理。

（二十六） 設起步點一點兩用
有否獎金段柱作準

業餘賽馬時代所用的閘都是固定的閘網。換句話說，起步點是由幾根木柱固定在地上作爲標誌。其中，有的木柱就用來作爲兩種不同賽程的起步點。同一個起步點，馬匹多跑一圈或少跑一圈，賽程就不同了，可以應付不同距離的賽事。

當時，最出名的有兩個起步點。

一個是賽程二哩的。如果少跑一圈，就是一哩一七一碼，大約等於現在的一千八百米；

一個是在對面直路，那是賽程一哩半的起步點。在這個點起步，如果少跑一圈，就是半哩又一七〇碼，大約等於現在的九七五米。

有人也許會問，當時爲什麼會有一哩半甚至兩哩這麼長的賽程呢?

因爲那是用中國馬的時代，牠們時速較慢，但耐力强，習慣了長途的跋山涉水，所以，多跑一兩圈對牠們來說，僅僅是小菜一碟而已。

現在的純種馬，在較優越的環境長大，身子嬌貴得多，較吃不得苦。如果賽程超過二千米，牠們在跑完一程後，非得休息一段較長時間才能恢復體力。

除了起步點可以一點兩用之外，當時在快活谷馬場跑道上還有一根木柱，它並不是作爲起步點用的。

這根木柱，叫做“距離段柱”。

“距離段柱”豎在距一哩起步點不太遠的地方。它的作用是: 如果冠軍馬到達終點時，跑第二、第三的馬還沒到達“距離段柱”的話，則不能領取到位置獎金。理由很簡單: 輸得那麼遠，難道還給你錢不成?

但令馬迷放心的是，如果你是投注位置的話，哪怕牠跑得距離冠軍馬再遠，輸得再慘，你照樣可以領到位置派彩。

“距離段柱”的設置，應該說是舶來品。

以前只跑中國馬的年代，香港馬場並沒有距離段柱的設置。到了三十年代香港開始進口澳洲馬，也就把澳洲早已有的“距離段柱”一併進口過來了。

“距離段柱”的設立，一直到了職業賽馬時代開始才取消。現在，這個名詞，已經隨着業餘賽馬的時代結束，成爲歷史陳迹了。

（二十七）“當日孖寶”投注訣竅
爲求過關聯手搏彩

戰後，在1947—1952年這段時期，賽馬的投注額不多，因爲當時彩池只有獨贏和位置兩種。

但是，戰前却有一種叫“當日孖寶”的。

這“當日孖寶”也可以叫做雙獨贏。通常是安排在當天兩場賽事之間。

“當日孖寶”的投注方式同現在的連鎖式孖寶有很大分別。現在的連鎖式孖寶，是你一下注時就要把兩場賽事中你看好的馬選出來並同時下注，不能一先一後分別買票。

而“當日孖寶”就不同。譬如跑第一關時你投了5號馬，第二關可以不必馬上下注。而是在第一關你的5號馬眞的跑出來後，你再考慮第二關買哪一匹（第一、二關通常是間隔兩場）。

還有一點不同的是，譬如第一圈跑出來的5號馬你總共買了十注即十張票，那麼，在投注第二關時，你可以十張票一色地投一隻馬，也可以另選兩匹馬各下五注，甚至採用“大包抄”的形式選它十匹馬，每匹下它一注。簡單地說，即第一關你中了十注十張票，第二關你也就可以照換十張。

在這種情況下，也就產生了一種比較特別的現象：有人在第一關投了兩三張大冷門的注，這些大冷門眞的“爆”了出來，爲了保證自己在第二關選中頭馬、順利過關，這可說是“頗費思量”的事。怎麼辦呢?

老實說，手上只有兩三張票，就算用“漁翁撒網”式的分散投注，也遠不能穩操勝券。

哲人說過：人的腦袋不是用來戴帽，而是用來思想的。聰明的馬迷就想出了這個辦法：在第二關開跑前，拿着這兩三張票在孖寶的換票窗口等候，碰上了抱着同一心理的“陌生同路人”（這種機會多的是），雙方就可以來個“君子協定”：大家都是三注，那就集中起來在第二關分投在六匹馬身上。只要其中一張中了，彩金就平分。即使雙方所持的票數不等，只要志同道合，照樣可以成爲“拍手伙計”，幸運地能過第二關，彩金大家按比例分成就是了。

這種辦法，無疑地過第二關的機會增加了好多。這種同是馬場求財人，相逢不必曾相識的“聯營”手法，現在當然見不到了。但在當時，這種“同撈同煲”的做法確實非常流行。

（二十八） 先過終點即算贏家 爲求勝出不擇手段

在香港賽馬還沒有使用電算機之前，馬迷投注後獲派發彩金的規定與有了電算機後有一點是很不同的。

當時，只要你投注的那隻馬匹是第一隻跑過終點，那麼，不管是否有人抗議，也不必理會牠是否犯規，反正你是贏定了，保證有錢進賬。

但有了電算機則不同。只要你買的那匹馬確實犯規，或是有人抗議並且抗議得直的話，這匹馬哪怕是遙遙領先過終點，也會被判爲最後一名，你的投注也就泡湯了。

應該說，犯了規而被取消勝出資格是合理的。

那時不是這樣，由於是先到終點定勝負，無形中就助長了一種歪風——即爲先到終點而不擇手段了。香港雖然早就取消了這種不合理的規定，但直到現在，世界上還有一些國家仍保留着這種制度呢！

（二十九） 上午下午連續賽馬 紙牌打洞另有規定

關於上、下午賽馬，前面簡單地提過。

香港的上、下午賽馬，其中最明顯的是周年大賽。這個大賽一直維持到接近六十年代才取消。

除了周年大賽外，當時凡是安排在星期六、星期一賽馬的，都有上、下午賽事，好像“復活節大賽”，還有一個叫“降靈節”的。

“降靈節”是在每年的6月份，這個節日後來因爲香港放假的日曆改了，也就取消了在這個節的賽事。

香港跑馬，哪怕是上、下午連續跑馬，都沒有安排超過十二場賽事的。上、下午跑馬，通常是上午四場，下午八場。後來有一段時期，場數減少到十場，那就上午跑四場，下午跑六場。

那時候，上午四場跑完，已到了吃中飯時間。除了自己帶食進場的以外，一般人都會離場去祭一下五臟廟，吃飽喝足後再繼續搏殺，在馬場裏面，當時並不像現在這樣有很多飲食地點。

講到入場，現在如果不是會員，入場的馬迷在進場時紙牌上都要打一個洞，表示這入場券已使用過，你一出場後即不可以再憑這張票進場。但當時却可以再度進場，只要你有這張紙牌就行了。

當時，只要你有資格進入會員席，紙牌就不必打洞，有自由進出的特權。入公衆席則根本上沒有牌子給你戴的。

只是到了有上、下午賽馬時，當上午的賽事結束後，你需要離場去進餐休息的話，工作人員才會發一個紙牌給你。就憑這個特別的紙牌，你可以在下午賽事舉行時再度入場，不必另行買入場券了。

由於這樣，有些人因他的馬在上午四場賽事中經已賽完，下午那幾場不想再賭了。爲了“物盡其用”，他就會拿着這張尚具有“剩餘價值”的紙牌在場外兜售，轉讓給那些下午才要進馬場的同道中人。雖然不外是三幾塊錢，但總可以令自己慳一點。何樂而不爲呢！

（三十） 馬場附近典當方便
永不言輸捲土重來

在舉行上、下午連續賽馬的年代，快活谷的成和道一帶，曾有過兩三間“當舖”。

這些當舖，究竟平時有沒有什麼特別的生意不太清楚，但行內人都知道，當時設在這裏的當舖，不必說是爲了方便狂熱的馬迷而開設的。

當時，凡是有上、下午賽事的日子,當然有不少“當黑”的馬迷在上午賽事中連戰皆北，袋裏的錢已經輸得七七八八了，於是，這些信奉“有賭未爲輸”的馬迷，就會將身上稍爲值錢的東西向當舖抵押，換回一些賭本再度進馬場搏殺，以期重振雄風。

快活谷這些應運而生的當舖，與現在澳門賭場附近當店林立的情況差不多。

大江東去，浪淘盡千古風流人物。隨着時代的變遷，快活谷那幾間當年的典當舖早已不復存在。究其原因，一是沒有了上、下午連續賽馬; 二是現在的馬迷臨時將身上的物品當押後再賭的作風已是絕無僅有了。

從快活谷馬場附近當舖的興盛到式微，可以看出，現在多數馬迷，比起到濠江搏殺的賭客，顯然是不那麼“去到盡”的。

（三十一）臨開跑方知出賽馬
練馬師精明有對策

香港賽馬現代化的特色之一，就是每當有賽事前四十八小時，所有的出賽馬、騎師配搭、場次、排位、路程長短等等資料，馬迷們都能從各大報章上一覽無餘。這樣，大大方便了一般人可以有充裕的時間細心鑽研，互相切磋，做足功課。選定心水馬後，可以從從容容地隔夜投注。馬會這種"便民利己"的做法，也是賽馬活動接近轉爲職業賽時才有的。

早期賽馬的賽事安排，與現在大不相同，那時，馬匹在報名參賽後，可以一直都不需要確定最後是否出賽，馬會也沒有必要向外界提早發布什麼賽事有哪些馬出賽，由哪些騎師執韁等等。至於排位，當然更要等到上陣馬確定後、騎師搭配好才能進行抽籤。

當時的制度，是馬匹可以在賽事舉行前提早十幾天報名。截至開賽前半小時，馬會也只知道該場賽事有哪些馬報了名而已。至於由哪些報名馬出賽，則是在開賽前最後的三十分鐘才能確定。只有參賽馬確定後，騎師的配搭、排位等也才能隨後落實下來。

有的馬匹在十幾天前就報名參賽，但也有的馬主，一直等到最後截止報名時才遞上馬匹的上陣志願書。當時，這是馬主的權利。

所以，出賽前半小時，一切敲定以後，馬會的掛牌（即公布）非常受人注目。只有在馬會掛牌後，該場賽事的準備工作才算是塵埃落定，衆馬迷也才紛紛急急忙忙地趕着投注，屏心靜息地等待開跑那一刻的到來。

與現在不同的還有，當時的參賽馬可以報名參加同一天內不止一場的賽事。因爲，馬會在最初時由於馬匹不夠充裕，安排的班次不多，就形成了同一班次的馬在當天的賽事中，可以有兩三種不同賽程的選擇。

基於有這種選擇條件，有的馬主爲了爭取主動，同時保持一點神秘感，事先全部報名參加所有同一班次的賽事，然後，經過觀形察勢，在開賽前半小時的最後一分鐘，才確定該場是否出擊。

這種“最後的選擇權”對馬主有利，但入場觀衆就必須多費心思了。你入場後，還不知道某一場賽事出什麼馬、有幾匹、騎師是誰、排位怎樣，眞眞是“一頭霧水”。

雖說開賽半小時前的場面煞費思量，但也有它的樂趣所在。用現在的話說，是極富挑戰性。如果你是對馬匹很熟悉的“超級馬迷”，臨場可以確定哪些馬會跑這場賽事的話，那麼，你的選擇就不會像其他人那樣“慌慌失失”，而是會淸醒、理智得多。

自然，初涉馬場的觀衆面對這撲朔迷離的局面會手足無措，大多只能靠馬經的指引去估計馬匹的冷熱程度了。

俗話說，“混水才能摸魚”。面對這種情況，有的比較機智的練馬師就採取了“後發制人”的策略。他們可以等到臨上陣前，那些馬主紛紛申請哪些馬出賽以後，才確定自己手下的馬是否也在這一場上陣。如果發現有些馬是他準備遞紙申請馬匹的勁敵，他就會故意避重就輕，不參加這場賽事，而選擇另一班對他較爲有利的場次，避免在賽場殺得難解難分，吃力不討好。

（三十二） 軍人騎師藏龍臥虎
外地“飛蜢”人材輩出

在本書較前的章節已介紹過，香港賽馬同軍人騎師關係極大。因爲，最初有賽馬活動時，是由於軍人喜歡賽馬的緣故。到了第二次世界大戰以後，在香港馬會恢復之前的重組階段，即1946年，全年賽事都是用軍馬跑的。

事實上，軍人騎師參賽，一直延續到業餘賽馬結束的時期，也就是說，到了1971年香港賽馬轉入職業化時才完全淡出。

說到軍人騎師，他們當中有的也的確是身手不凡，藏龍臥虎之輩大有人在。他們當中，如果還沒有在任何地方贏過十場平地賽的話，只可以參加見習生的賽事，而見習生的身份是可以享受讓磅優待的。至於在平地賽中曾經贏過超過十場賽事的，那就可以脫穎而出，升級成爲大師傅，即黑牌騎師了。

除了軍人騎師，外來騎師方面在戰前就已有中國其他通商口岸馬場上的佼佼者，來到香港馬場分一杯羹。這些輕騎英雄就包括了澳門來的郭子猷。

到了後來，即接近業餘賽馬改爲職業賽馬時期，有一大批澳洲籍騎師也從“袋鼠國”飛臨東方之珠的香港。

他們的到來，對香港賽馬的大局起了舉足輕重的作用。

這批澳洲騎師中，並沒有職業騎師：有的是騎術尚未達到職業騎師的水準，有的是本身的體重令他無法成爲職業騎師。這些以業餘騎師的身份來參加香港賽事的澳洲人，上場不久就令人刮目相看了。一來因爲他們策騎的平均水準相當高，加上香港當時用的馬，幾乎淸一色是從他們的祖家澳洲或紐西蘭運來的。澳洲人碰上澳洲馬，知情識性，駕輕就熟，所以他們的參賽就佔了相當大的優勢。

香港的賽馬活動轉入職業化時，澳洲籍騎師中有幾位升級爲職業騎師。後來，因爲對手的實力越來越强，競爭漸趨激烈。在强敵如林的情況下，他們先後退出香港馬圈，各奔前程去了。這些人中，知名度較高的有梅道登、衞林士、麥美倫等等。

當時的澳洲籍騎師中，騎術較精的是梅道登。他本是澳洲的富家子弟，嗜好賽馬。後來，家道一度中落，他來香港參賽初期，經濟環境也不太好，但短短的時間裏，他已能在香港馬圈崛起，在賽事中稱雄了。

這位曾經成爲香港冠軍騎師的澳洲小子，雖然能在業餘騎師的行列中鶴立雞羣，但到了有職業騎師階段，已日漸遜色。不久，他就退出馬圈回到澳洲。過了一段日子，他因患上癌症逝世了。

（三十三） 草根霸王內外兼顧
既觀球賽又看跑馬

“草根霸王”這個名稱，乍一聽很多人都會感到莫名其妙。這個名稱的由來，有一段來歷。

快活谷馬場在還沒有內場看台之前，內場裏仍然有幾個足球場。平時這些球場是供愛好足球的普通市民進去踢球的。甚至在賽馬日，這些球場也允許市民進去過過球癮。球場內在你追我逐地踢球，場外跑道上則烟塵滾滾地跑馬。於是，就有不少人圍着內場看賽馬。

這些在內場裏看跑馬的人，久而久之，就被人揶揄爲“草根霸王”了。

當時，賭外圍馬已相當流行。不僅在場內有一些外圍的莊家分子在那裏，甚至在內場的所謂“草根霸王”之中，也有人是做買外圍馬受人下注這門生意的。那些在內場光顧買外圍馬的人，下注額相對說來較少，因爲如果是比較有錢的話，他就會堂而皇之地進入馬場賭馬了。

在“草根霸王”中，並非所有人是想借在內場看足球而兼顧賭馬的。有的馬迷本來就打算入場看跑馬，但有時遇上節日或有重要賽事的日子，他們因爲未必能買到票，也只好變成“草根霸王”的一分子了。

後來，內場草地加建了看台，加上六十年代前後，馬會已採取措施，不再准許有人在賽馬日進入內場踢波或看跑馬，“草根霸王”們失去了長期踞守的根據地，也就絕迹了。

（三十四） 騎師墮馬賽事腰斬 馬伕罷工取消比賽

在香港賽馬史中，賽事在中途宣布停辦的就有好多次，原因都不相同。

腰斬賽事的出現，直至目前爲止，通常不外是以下三種情況:

因騎師在賽途中失事導致死亡;

天氣原因;

工作人員罷工。

可以這麼說，引致腰斬賽事最多的，是騎師在賽途中墮下坐騎，有的就當場重傷慘死。在業餘賽馬時代，有三次這樣的事發生。罹難的騎師一位是李路，一位是司馬克，另一位是何煒航。

李路的死，是因爲另一騎師周森策騎時不小心而將他撞跌下馬; 而另一位騎師唐宏洲也因在賽事中策騎不謹慎，使得何煒航魂歸天國。至於司馬克本身，則與旁人無尤。他在比賽途中因爲策騎過勇，胯下的坐騎已經筋疲力盡而他仍奮力揮鞭，硬是策牠前衝，那匹馬終因體力不支而向前撲倒，活活地把司馬克壓死了。

騎師因自己不小心策騎而導致他人死亡的話，在業餘賽馬時期，這個騎師就會被終身取消出賽資格。

另兩位在馬場中遇事身亡的是鄧文驊和老瑞霖，因爲他們是在賽事結束後才死亡的，所以並沒有引致賽事的腰斬。

踏入職業賽馬階段，唯一一位因策騎時墮馬導致死亡的，大家應當還記得，那就是英國名騎師戴萊，這裏就不贅述了。

再者，天氣突變也是賽事可能被中途取消的原因之一。業餘賽馬時代，有一次就是跑了三場後，馬場上空烏雲密布，電閃雷鳴，下起傾盆大雨。不必說，繼續比賽下去對於在鞍上蹬騎前衝的騎師來說，是相當危險的。那時，馬會的當值董事當機立斷，決定將剩餘的賽事押後，看看天氣是否能夠好轉再說。結果，大家伸着頸等了一個半小時，雨停天朗，賽事又宣布繼續下去。

業餘賽馬時期，眞正因天氣而停止或腰斬賽事的情況，還沒有發生過。倒是到了職業賽馬時期，這樣因天不作美而宣布停止賽事的事，曾經在馬場出現不止一次。

賽馬活動因爲工作人員的罷工而導致賽事無法進行的，在業餘賽馬時期也沒有發生過。在職業賽馬時期，有一次，在全部程序都準備妥當，正要開跑第一場之際，馬伕們突然宣布罷工，馬會方面只好宣布取消賽事。當然，嚴格來說，這次賽事不算腰斬，因爲根本還未開始比賽，其事變的焦點應該說是勞資糾紛。

在香港賽馬史上，因馬伕罷工而導致取消賽事的，也是僅此一次而已。這是發生在賽馬活動職業化以後，並非本書論及的範圍了。

香港的賽馬活動，參加層面之廣，投注之鉅，令世界上其他地方都瞠乎其後。馬迷們在高高興興進場以後，總是希望能順順利利開跑。腰斬賽事的掃興事，最好五十年、一百年都不再發生。

這裏要補充一點的是，前文講過，業餘賽馬時代，那些騎師均是屬於有資格周旋於上流社會的紳士騎師。他們當中一旦有人墮馬致死，消息一傳開來，爲了表示對死者的尊重和哀悼，當天的賽事就會宣布取消。

這個慣例，當時世界上其他國家也有。

到了職業賽馬時代，情況有了變化。也許是越趨專業化的緣故吧:職業騎師如果在賽事中不幸墮馬死亡，哪怕消息傳開，賽事最多阻延一陣後照樣進行，直至完場爲止。

（三十五）馬場打齋超渡亡魂
賽馬似與迷信相關

上一章談到因賽馬引致騎師死亡的例子，在業餘賽馬時代，它們的發生都間隔着一段較長的時間，雖然這樣的事在香港人來說，是十分不吉利的，但因間隔時間長，也沒有什麼人去注意它。

但是，到了六十年代初期，在不到兩年的時間內就連續發生了司馬克和何煒航的墮馬致死慘事，於是，現役騎師中，有些人不免有了這樣那樣的戒心，加上迷信心理作怪，"民間文學"和江湖傳聞不少，搞得騎師們人心惶惶，心神不寧。不必說，這顯然會影響騎師的鬥志。馬會有見及此，大概也抱着"寧可信其有，不可信其無"的態度，於1965年4月間，特別請了一大班和尚和道士，在快活谷馬場的跑道之間，正式舉行了一場很隆重、規模很大的打齋儀式，超渡那些馬蹄下的冤魂。

也許是巧合吧，自此以後，快活谷這個馬場，直至現在，也沒有再發生過騎師因策騎不當導致身亡的事件。倒是進入職業賽時期，才在沙田馬場發生過一次戴萊墮馬身亡的慘事。

按科學的觀點來看，賽馬同迷信應沒有什麼關係的，快活谷那一次的馬場打齋，是屬於非常特別的決定吧。

（三十六） 摸黑偷跳用心良苦
掉換號布欲蓋彌彰

香港馬會現在對馬匹操練的時間控制得十分嚴格。由於所有馬房的馬集中在沙田馬場操練，也容易管理，而且，供操練的開閘時間鐵定在清晨五時，三小時爲限，一過八點鐘，那閘就呯然關上了。

由於時間控制得嚴格，沒有發生像業餘賽馬時期的“偷跳”事件。

“偷跳”事件，在業餘賽馬時代非常普遍。主要是兩類：一類是“摸黑偷跳”，一類是“下午偷跳”。

先說下午偷跳。由於當時規定馬匹的操練是半夜三更就開始（快活谷馬場供晨操的開閘時間是凌晨兩點四十五分），到早上結束，有的馬房爲了避開人們的耳目，特意反其道而行之，到下午才把馬拉下來操練。不過，這種“下午偷跳”的情形當時比較少見，一來是對馬匹的飲食習慣會造成影響，搞得不好的話，馬的體質會下降；二來當時要從山光道馬房把馬拉到快活谷，如果是清晨車輛稀少就沒什麼關係，而過了中午才拉出來，可眞是“車水馬龍”，交通不那麼暢順的。

像這樣地“靜靜地起革命”的，收效不見得十分顯著，也只有一兩個馬房才這樣做。

但是,“摸黑偷跳”就不同了,雖然有相當的危險性,但在月黑人靜夜秘密操練,保密性顯然較高,也富有刺激性。

當時的快活谷馬場,設備遠不像現在這麼完善。譬如整個馬場就缺乏足夠的照明系統,在半夜兩點四十五分開閘以後,很快就有人拉着馬進場了。當時馬場上一片漆黑,可以說伸手不見五指,那些練馬師就是在這樣的情況下,讓他的馬試跳。

爲了不讓其他人知道馬匹的實力,這樣的半夜即起,摸黑試跳,也可謂用心良苦了。他們比起古代志士的“聞鷄起舞”,恐怕有過之而無不及。

戰前,馬匹拉出來到馬場操練,並不需要馱上一塊號碼布。戰後,賽馬復興期開始,就規定操練時要馱上號碼布,以便監察員易於辨認——這不能不說是一個進步。

雖然有這樣的規定,但旣是“摸黑偷跳”,夜闌人靜,沒有監察員在場,許多馬匹就不披上那塊號碼布了。

當時,有一些自以爲聰明的練馬師爲了避實就虛,就讓手下的馬匹有的披布上陣,有的就不掛號碼布。他們以爲這樣做,別人就會分辨不清具體那隻馬的實力。實際上證明這樣做是很愚蠢的。

因爲,不管你練馬師或騎師深更半夜去偷跳操練馬匹,總會有一些人(或是“夜遊神”或是“晨運客”)比你起得還早。所謂“莫道君行早,更有早行人”。他們因爲已經見慣見熟偷跳操練,一旦發現你馬房的馬匹有的掛號碼布,有的不掛,這就等於在暗中提醒他們: 要特別留意這些沒有名號的馬匹了——這匹馬可能大有名堂!

當時，這種曾被一些人認爲手法高强，動機莫測的"托墨考夫"的辦法，實際上是弄巧反拙，欲蓋彌彰。這就是: 本想掩掩藏藏，誰知却"漏了光"!

採用"摸黑偷跳"的馬，當時最出名的莫過於米曲凡里的馬房。

米曲凡里這個人，年過半百的資深馬迷都會記得。他是屬於快活谷馬場半夜一開閘就拉馬下去操練的練馬師之一。

在黑漆的跑道上，他的馬全不配掛號碼布。不必擔心分辨不出自己和別人的馬，因爲，在他操練那些艮駒時，其他馬房的馬大多還在廐裏嚼馬料、打啟嚕呢!

當時，一個大馬房最多也不過是三四十匹馬。而那時特地去看"偷跳"的心水清的人，可以如數家珍地講出哪個馬房的馬匹棗色的幾隻、栗色的幾隻、棕色的幾隻。而灰色、黑色的馬一向是比較少的。這些有心人，也還會以特別的標誌來辨認馬匹，譬如哪匹馬哪條腿是白的，哪匹的頭上有白色的毛等等。

可見，米曲凡里以爲不掛號碼布就可以讓別人猜不到馬匹實力，只是自己一厢情願的想法而已。

凡事一反常態，就特別引人注目。"摸黑偷跳"練馬也是這樣。古代那"此地無銀三百兩"的故事，也許還有值得我們去反省的意義吧!

爲了要誤導別人，讓人家"憑京作馬涼"地把馬認錯，有些練馬師就採用另一種辦法，即是把號碼布打亂了來掛在馬背上，以求達到魚目混珠的效果。

但馬會設置號碼布的目的，很明顯是爲了讓監察員便於辨認馬匹。

當時，如果被查到馬匹沒掛上號碼布，練馬師可以申辯說舊的號碼布已經磨爛，新布還未製好；或者假裝責怪馬伕失職等等。就算交代不過去，最多也是受警告而已。但是，如果把馬背上的號碼布掉換來掛，企圖以此混淆人們的視線，一旦被監察員查到，就是很嚴重的事了，馬匹所在馬房的練馬師或其他人員會受到相當嚴厲的懲罰。這種“狸貓換太子”的手法，在白天沒有人敢“以身試法”，因爲太容易露餡，只有在“摸黑偷跳”的深夜，才有人敢在黑幕的掩映下悄悄進行。

（三十七） 快活谷夜半口哨聲
“黃水牛”趣聞多籮籮

在業餘賽馬時期，對於馬匹出操時間遠不如現在控制得這麼嚴格，所以才會有“偷跳”的事發生。

因爲是摸黑偷跳，往往連練馬師都不清楚自己的馬操練起來步伐好不好，跳姿又怎樣等等。爲了取得自己坐騎的資料，有的練馬師和騎師就得相互配合，約定“暗號”，做到旁觀者“矇查查”時，自己已心中有數。

那一段時期，練馬師米曲凡里和騎師郭子猷合作了好長一段時間。

郭子猷是相當苦練的騎師，他的卓越騎功，輝煌戰績，可說是“場上一見，場下三年”的結果。當時，郭子猷往往在凌晨三點就到了馬場，替米曲凡里的馬操練。爲了讓站在欄邊的練馬師配合打標誌，每當他操練的坐騎馳到接近一段段柱時（大約離段柱還有一兩秒的時間），特別是在最後轉彎進入直路的最後一個段柱那裏，他就會吹起口哨提醒練馬師“打錶”（紀錄分段時速）。

這種口哨打錶的方法，可以使你要測的速度較爲準確。但是，却也容易造成“一哨洩露天機”的副作用，也就是說，那些看偷跳的人同樣可以從口哨聲估計你那隻馬的速度。

在“摸黑偷跳”盛行的階段，黃泥涌道和電車總站附近已建有相當多樓宇，不久，就有居民紛紛向馬會投訴，他們說：因爲晨操，經常在半夜三更好像聽到鬼叫似的口哨聲，夜闌人靜時聽得人毛骨悚然。馬會倒也從善如流，特別向那些練馬師、騎師提出警告：雖然未天亮前可以操馬，但却不宜發出怪叫聲，以免擾人清夢。

這樣，那些“夜半哨聲”就不再聽見了。

誰都知道，馬匹在行走時，由於是龐然大物，加上蹄上釘了鐵掌，就會發出“踢踢踏踏”的響聲。那些從山光道一直操到快活谷的馬匹，頭頂寥寥晨星，身披冷冽風霜，如果脚掌上蹄墊都沒有，足踝也容易磨損受傷，爲此，有的練馬師便訂製了用皮革造的鞋套。但也有的馬伕可能因爲懶惰，沒有替馬匹配上“馬鞋”，於是，居民們又是怨聲載道抗議開來：這是怎麼回事，哨聲剛逝，蹄聲又起，還讓不讓我們睡一個安寧覺呢？

結果，馬會也就指定所有的馬操步行經居民聚集的地方時都得套上“馬鞋”了。

快活谷作爲當時唯一的練馬中心，從凌晨至上午，幾百匹馬上上下下，固然熱鬧，但也麻煩多多。尤其是早晨六點鐘後，許多人開始出門上班、上學，過路的過路，搭車的搭車，加上電車、巴士穿梭往來。在這都市晨曲的繁忙聲中，經常出現人馬、人車爭路的險象。直到現在，快活谷有賽馬時，也有類似問題出現，只是影響不像以往那麼嚴重而已。

與現在相比，當時的馬匹可說是“生不逢時”。現在的馬特別矜貴。牠們在“外出出差”時，不但有特製的運馬車可“坐”，而且夏天在車裏還有冷氣“嘆”。

說到馬主，當時“蠻橫兼有趣”的，是一位叫“黃水牛”的馬主。此位仁兄是地道的英國子民，在香港當驗船官，實際上的眞名實姓叫白禮菲特。

那麼，白禮菲特先生怎麼會有個那麼中國化的“黃水牛”花名呢? 這裏面有個故事:

話說第二次世界大戰前，香港賽馬實際上有兩個馬場，一在快活谷，一在粉嶺。粉嶺馬場的賽事，只是在馬季開鑼前或結束後才有安排在那裏舉行，特別的地方是在那裏還安排了快活谷馬場沒有的障礙賽——跳欄。香港馬會或馬主們，在安排參加粉嶺舉行的賽事時，只派低班馬去參加，可以說不那麼鄭重其事的。

當時從港島運馬到新界，是用火車的。當時，九廣鐵路有條特別的規定: 如果不是中國人，就不准乘搭二等車或三等車，而當時運馬的火車卡是處於三等車車廂的。不要說外國人，就是其他馬主也不會和馬同乘一卡車廂，以免降低自己的身份。

“黃水牛”特別愛馬。每逢馬匹出征，他勢必要親自陪伴左右，細心呵護。但他不但是有頭有臉的馬主，兼且是紅鬚綠眼的外國人，在三等運馬的車卡一出現，不但十分引人注目，而且違反鐵路的規定。

這位白禮菲特先生因爲執意要同愛駒呆在一起，又礙於鐵路局的規定，就特別改了個名字叫“黃水牛”。他洋洋得意地告訴人們: 改了這個名字，我就是華人的一分子了。言下之意是: 你們看, 我這個“華人”並沒有違反鐵路局的規定呀!

當時, 英國人在香港比較有地位, 政府對處理這樣的事也較有彈性, 在他一再堅持下, 也就默許他這麼做了。

在當時香港的馬主當中, “黃水牛”的怪事、趣聞相當不少。

譬如, 他曾經誓不相讓地同馬會打過一場曠日持久的官司, 並且以勝訴結束。

當時, 馬會曾經在會例裏規定: 凡屬會員在馬會中的簽單、費用等開支, 經過一個月結賬後由馬會發出繳款通知書, 逾期未交的, 就把名字貼在大堂“示衆”。

有一回, “黃水牛”不知怎樣忽略了這件事, 他忘了繳交那些費用,“白禮菲特”的大名也就在大堂上榜了。

堂堂的馬主竟然上了追討款項的“黑名單”, 並且那樣有失體面地被張榜示衆, 怪不得“黃水牛”要瞪鬍子瞪眼睛了。

他於是告了馬會一狀!

這一場時間打得相當長的官司, 最後由法官宣判“黃水牛”得直: 馬會要賠償他一張支票, 錢額是象徵性的一個“仙”(一分錢)。

自此以後, 馬會也被迫修改這條會例, 即: 馬會在把會員名字貼堂前, 除了要發通知書給本人外, 還得再發一張最後通告, 才能有所行動。

“黃水牛”打贏了馬會的官司, 不但使馬會“賠了夫人又折兵”，而且自己的知名度也大大提高了。

“黃水牛”不但親自帶馬遠赴粉嶺出征，連他的馬匹平時的操練也必定要由他親自率領，浩浩蕩蕩地從山光道上落到快活谷。

由於必須由他親自帶隊，他的馬就無法像別人“偷跳”時那麼早，往往是在早上七點鐘左右，才見他施施然從馬房拉馬下來。當時早晨正是交通繁忙時刻，當“黃水牛”的馬操到電車總站附近時，駛往跑馬地的電車有時等他的馬旁若無人地橫過馬路，有幾次司機不耐煩地踩了“叮、叮”幾聲催促，他的馬於是驚跳起來，有的甚至蹦跳了幾下。親自押陣的“黃水牛”一見，怒氣沖沖地責問司機，有一次還差點兒動手打人，眞有那種牛脾氣。他還“惡人先告狀”，向電車公司投訴。電車公司爲了息事寧人，就交代行走跑馬地路綫的司機: 見到“黃水牛”其人率馬經過，就把電車靜靜地停下來，讓他（牠們）全部通過後才再開動，以免引致不愉快的事發生。

“黃水牛”有時很“霸道”，但也有他妙趣橫生的一面。那時“黃水牛”的馬一旦勝出，他必定樂滋滋地戴上禮帽、穿上禮服，神氣活現地入場牽馬。所以，有些頭腦靈活的馬迷，就特別留意“黃水牛”的馬。如果看到他一本正經地帶齊禮帽，禮服進場，就說明買他的馬贏出的機會可能很大了。

（三十八）　馬匹逃脫有驚無險
駄上騎師街市買菜

以往，快活谷是唯一的練馬中心。馬匹來往於快活谷和馬房要經過一大段馬路，牠們在途中有時會掙脫逃跑，“投奔自由”，嚇得工作人員魂飛魄散。

有一次，騎師楊必達正要操練一匹叫做“黎沙”的馬，只見他剛剛在沙圈騎上這匹火氣很盛的馬時，“黎沙”並不跑向跑道，而是掉轉頭衝出體育路，然後沿着黃泥涌道連接摩里臣山道那條斜路（即現在新華社附近）直衝上去，就這樣駄着楊必達，一路狂奔到以前灣仔街市斜對面的郵局才停了下來。

雖說是有驚無險，但很快就在坊間流傳開一句笑話，叫做“黎沙帶楊必達到灣仔街市買菜”。

還有一匹馬叫“獲利”的，也是烈性馬。那時牠鞍上無人，趁着馬伕一不留意，掙脫了韁繩猛跑。先是衝出快活谷，然後沿着當時尚未填好維多利亞公園的高士威道直奔北角。馬蹄挾春風，風馳又電掣，一路經鰂魚涌直到西灣河才被人“捉拿回府”。

要選舉這些“逃兵”的馬拉松冠軍的話，“獲利”應當是當之無愧的。

不單是烈性馬才這麼反叛，連有些性情溫馴的名馬也偶而會“撒開蹄子跑個歡”。

“螢火”是匹很聞名的馬王，身呈灰色。牠的脾氣有點怪。如果只是一個人拉牠，牠會很馴服；有人爲了穩妥起見，兩邊都派人拉牠，剛好頂正牠的口，那麼牠就會往前衝得很遠。

有一次，也是合該有事，馬伕牽引着“螢火”由體育路兜過雲地利道要走回成和道入山光道馬房，但他們一時疏忽，兩個人一邊一個地牽引着牠。這下可犯了大忌，到了現在的聖瑪嘉烈教堂那段斜路，“螢火”就開始“發茅”，突然掙脫馬伕直衝上朗園山的培僑中學那裏，弄得氣喘嘘嘘的馬伕好不容易才把牠拉回來。

馬匹掙脫逃跑的事，接二連三，幸好沒有釀成什麼意外，只是爲普羅大衆增添了一些茶餘飯後的談資笑料。

（三十九）　新年賽馬擺長蛇陣 入場緊張助炒牌風

香港自從有了兩個馬場，加上開設了許多場外投注站，馬迷們“發財”的門路越來越多。你只要有興趣，就可以或是進馬場搏殺，或在場外投注，也可以舒舒服服安坐家中，邊看電視上的賽馬直播，邊撥電話投注等等。因爲投注十分方便，入馬場觀戰的人也就不像以往那麼緊張了。

但是在業餘賽馬時代，在很多人熱衷於賭馬的情況下，除非你賭外圍，否則你想與馬會分一小杯羹，則非親臨其境，身入馬場不可。

現在的馬迷很難想像到那時入場的緊張、擠逼程度。

業餘賽馬時代，每年都有幾次大賽，像元旦日、農曆年初三或初四，或是每季後一場賽馬等，等候入場的馬迷人山人海。

在這樣的大賽舉行前，快活谷馬場外，早上六點鐘已經有不少人縮着脖子在那裏排隊，人龍可以從場外繞着黃泥涌道圍一大圈，其盛況之壯觀，比起現在紅磡火車站春節前回鄉探親的人流有過之而無不及。

當觀衆入場完畢，工作人員清理現場時，每次都能撿到一籮半筐的物品，其中大部分是高踭鞋或皮鞋。由此可見，當時入場的熱鬧及混亂程度了。

由於人多，入場票不容易買到，也就帶起了炒馬牌的歪風。

前面介紹過，當時公衆席一定要排隊入場，而且不能預購入場券。但會員就不同了，他們人人都有固定的馬牌，不但免了輪候挨擠之苦，而且可以長驅直入。

按照馬會規定，一位會員當時可以簽三四個人入場。這個數目顯然不夠那些交遊廣闊的紳士名流使用。有個別會員，在這僧多粥少的情況下，如果那一天手上剩下一些名額，就會順帶炒一炒馬牌，高價出賣。

這時，你會發覺，他們並不是像簽給自己的親朋戚友入場那麼簡單了。如果你肯出一個他認爲理想的高價，那麼，不管你是張三李四，"看在錢的份上"，他也肯簽你入場。

在炒馬牌之風盛行的階段，馬會爲了控制這股歪風，經常要派員突擊檢查那些會員席上的"貴賓"，不失禮貌地詢問"簽你入場的是哪一位呀？""你們是什麼關係?""認識多久了"等等這些問題。同時，也會核對簽牌給別人的會員。

閣下當時如果是貴爲會員，在這樣的盤問下又前言不搭後語，那可能就有些麻煩。因爲，你可能涉嫌炒馬牌，"企圖換取不正當的利益"了。爲此，馬會曾經在掌握了確鑿證據後，停過個別會員的會籍，以示警戒。

這種在業餘賽馬時代相當盛行的炒牌風氣，現在已不再出現了。

（四十）“睇波”風氣日漸衰微 看馬熱潮有增無減

足球和賽馬活動，都是很容易令人全身投入，產生狂熱的。

第二次世界大戰後，香港的賽馬同足球的熱鬧程度有一段時期旗鼓相當，人丁興旺。有時，賽馬日同足球賽在同一天舉行，爲球隊吶喊助威的球迷不見得比馬場上歡呼狂叫的馬迷少，更何況有不少人寧捨賽馬而看足球。

後來，由於馬會對賽事銳意進行多方面行之有效的改進，賽馬活動的捧場客漸漸比球迷多起來，狂熱的天秤開始向馬場傾斜。所以，大場足球賽就“識趣”地避開賽馬日，以免撞期。這樣做，也不至於太影響足球賽的票房收入。這種“河水不犯井水”的安排，自然也有保安方面的原因。顯而易見，如果在快活谷和政府大球場同時有賽馬和球賽舉行，在進場、散場時警方和保安人員就會疲於奔命，是很難應付得來的。

當然，如果是新界的沙田馬場賽馬，雖然有雙邊投注，但在港島這邊的政府大球場球賽仍可照舊進行。

在賽馬日（特別是快活谷跑馬）那天，一定不會安排大型或重要的足球賽事這個習慣，一直維持到現在都沒有改變。

從香港普羅大衆如癡似醉地追捧足球，到爭先恐後地擁入馬場這一明顯的轉變，也可以多少看到賽馬活動在這“東方之珠”迅猛發展的軌迹了。

（四十一）　百多匹馬海上罹難　時來運轉良駒升天

第二次世界大戰後，因爲沒有中國馬運來香港，凡是有新馬都是從海外運來。開始，都是淸一色的澳洲馬。自然，牠們都是同戰前一樣，是用船從海上運來的。

不遠萬里，飄洋過海地乘船來到香港，不必說，是很疲累的，可見，當時對新馬的健康是不那麼重視的。

人們不擔心馬匹舟車勞頓、體能下降，其實是有原因的。因爲，當時澳洲馬大致上是每年的七八月就運到香港。到埗後，還有一段較長的時間歇息、休養。待體力恢復，逐漸適應香港的氣候和飲食習慣後，再進行抽籤、操練，到第二年的一月份才出賽。所以，即使馬匹剛到時狀態不太理想，也可以通過休息、調養進行補救。

當時馬的價格不高，也是馬會通過較廉宜的海上運輸運馬來香港的原因之一。

到了接近轉爲職業化賽馬的階段，配售馬的價錢已經今非昔比，高了很多，馬會當局已經付得起昂貴的空中運輸費; 加上從澳洲空運馬匹到香港的時間大大縮短，馬的健康狀態不至於怎麼受旅途的影響，所以，已經有了租用運輸機讓馬匹橫越太平洋上空的習慣了。

由於運輸時間短，馬匹的狀態可以很快恢復投入操練，所以，自從空運馬匹開始，起運的日期也從每年的七八月推遲到九十月份。即使這樣，仍然可以在訓練後參加一月份的比賽。

談到這些運輸新馬形式的轉變，不能不提到一件往事:

記得是在1948年，因前一年是馬會在戰後剛剛恢復正式賽馬，而當年也只有九十匹新馬運到這裏，數量遠遠不足。因此，馬會就在1948年預訂了兩批新馬，都是從澳洲用船運來，一共有二百多匹。

在第二批馬運送途中，不幸發生了沉船事件，那一百多匹本應在陸地上縱橫馳騁的生靈就此葬身魚腹了。這一突發的海難事件，使得馬會手忙脚亂，只好臨時匆匆忙忙地補購一百多匹馬再行裝運。

這件馬匹海上罹難事件，當時馬會方面採取了低調處理的方式，沒有對外張揚。

到了現在，如果不是這裏寫了出來，恐怕仍是鮮有人知的。

(四十二) 雌馬抵埗珠胎暗結
香江實非育馬搖籃

香港現在的賽馬，是准許雄馬、雌馬、閹馬一起跑的。套用一句流行語，就是“不管雄馬、雌馬，能跑贏的就是好馬”。

但也有的人不大喜歡雌馬。理由是: 這些雌馬也有“例行行經”的時日。而在這“月滿鴻溝”的日子裏，馬匹的狀態不免會受到一些影響，不像閹馬那麼乾淨俐落。

這是不是在對馬而言，也有“重男輕女”的中國式封建觀念在作怪則不太清楚。但是在以往，雌馬在香港馬圈的地位曾經相當高，所以，當時馬會到澳洲及中國內陸尋求馬匹時，根本就不論性別，並沒有什麼“性別歧視”的。

話說回來，以往曾經在澳洲運來的馬匹中，有一匹雌馬在抵埗時已經暗結珠胎。但是不但馬會派出選購的“買手”沒有覺察，就是到了香港，連馬會的獸醫也被牠“蒙混過關”，照舊配售給馬主。

不久，這匹名字有點怪，叫做“棉雅棉棉雅”的雌馬終於被發現已是身懷六甲，馬主也就沒讓牠參加操練。後來，“棉雅棉棉雅”做了“媽媽”後，才讓牠參加賽事。

可以想見，這匹雌馬因爲太過“棉雅”，終究抖不出剛陽的雄風而戰績平平。

而那匹有香港出世紙的小馬，由於“棉雅”在香港養胎時本地的水草缺乏鈣質，產生了軟骨症，牠下地後不能跑動，長大了也就沒能讓人策騎，就送給了軍部。

由此可見，香港雖然稱得上是“賽馬的天堂”，但確實不是“育馬的搖籃”。

除了“棉雅棉棉雅”，後來就再也沒有懷了孕的馬出現在香港現役馬的名單上了。

（四十三）外圍賭馬盛極而衰 馬會彩池推陳出新

香港馬迷賭外圍馬，應當從賭波（足球）談起。

了解一些香港賽馬和足球賽的人都知道，外圍馬和賭波相比較，在香港，賭波是得風氣之先，只是到了後來，賭外圍馬才後來居上。

當時，球壇非常流行賭波，因爲喜歡看足球賽的人很多。

賭波這玩意兒，當然是非法的外圍組織的。賭法可以很簡單: 譬如一場球賽，哪一隊讓球給哪一隊、讓幾個球，或者是以兩隊的實力來確定輸贏的賠率。像這樣形式的盤口，那些外圍“受波”的組織，均有正式的盤口提供。多款多式，任君選擇。後來，賭波之風越來越厲害，已經衍變成滋生許多罪案的溫牀之一，警方於是大舉出動，四處偵查，搞得那些靠外圍賭波生活的人雞飛狗跳，賭波的歪風慢慢地也就衰微了。

由於香港市民的興趣從看足球賽轉移到賽馬方面，那些本來靠賭波“搵食”的外圍莊家也就因時易勢，及時轉移陣地，出現在馬場內外，向熱衷賽馬的人士“埋手”了。當時，你只要有興趣，就可以在場內或場外找到那些“受注”的外圍莊家。

賭外圍馬，誰都知道是非法的，它不單是同馬會“爭食”這麼簡單。

那麼，什麼人會光顧這些賭外圍馬的組織呢?

賭外圍又有什麼“着數”呢?

首先，應該說，賭外圍的，什麼階層的人都有，上至一擲萬金的豪客，下至那些販夫走卒。

外圍的“優惠”條件，是吸引衆多馬迷“幫襯”的主要原因。一般人賭外圍，投注輸了，通常都有一個星期的結數期。換句話說，即是七天後才還錢; 另外，是有折扣，輸了錢有九折優待等等。

這些條件，是入場正式投注所無法提供的。不可否認，這是外圍馬吸引人的地方。

至於那些大豪客，那會爲了貪小便宜而這樣做?

他們光顧外圍賭馬組織的原因又何在呢?

原來，在外圍賭馬組織裏，他們可以與莊家達成這樣的協議: 譬如我投注在一匹馬身上，但你一定不可以將我的投注額打入賽事彩池裏，以免影響賠率。

爲了確保協議能夠執行，雙方同意的限制辦法是: 到了馬會截止投注前的最後兩分鐘，投注人才亮出底牌——買這一場的哪一匹馬、買獨贏或是位置等、買多少錢。莊家（或莊家的代表）受注以後，不可以離開投注人，以此證明他沒有趕去正式補注。因爲，如果投注額大而莊家擔心“受注”後賠不起而趕去補注，那無疑會把那匹馬的賠率明顯降低的。

那些大豪客們，只有這樣的情況下才肯同外圍組織賭。而那些外圍的江湖好漢們，往往也會面不改色地接受。

賭外圍的盛行，特別是外圍開檔的初期，還有一個重要的原因，就是馬會所設的彩池項目太少，只有獨贏和位置這麼簡單，派彩不多，"到喉不到肺"。

而賭外圍馬就不同了。外圍組織針對馬會單調乏味的彩池，設置了多種多樣的"項目"：你要單賭獨贏、位置可以；要過三關也歡迎。甚至"三穿四"或"四穿十"都照受不誤。豐儉由人，悉聽尊便。

外圍馬以其既方便而又多姿多彩的投注形式吸引了不少想"刀仔鋸大樹"的馬迷，也就不是奇怪的事了。

凡事盛極而衰，外圍馬終於也離不開這一規律。

那麼，它是怎麼從高峯往下滑落的呢？

首先，香港警方眼見外圍的賭馬活動越來越猖獗，社會治安也受到影響，就組織力量頻頻出擊、四處"冚檔"。對那些在場內外非法組織外圍賭馬的莊家制裁得很嚴厲，搞得他們整天要轉移陣地、心驚膽跳，"無啖好食"，所得利潤也不夠買"驚風散"。

這一招，聲勢浩大，戰果輝煌，但往往還是"一雞死，一雞鳴"，治標不治本。

真正把外圍賭馬活動連根拔起的，應該說是香港賽馬會。

馬會經過認真研究，對外圍賭馬活動採取了針鋒相對的措施，增加了很多彩池，並以派彩額高吸引馬迷。以連贏位來講，投注十元有時就可以贏上一千多元甚至幾千元。而外圍的“派彩”就相形見拙了，以最多十元賠到一千元來算，有時你正走運，本來應該贏幾千元的就會因外圍派彩限制而吃虧。不少專門研究投注冷門的人感到很不合算，光顧的熱情大大減退了。

後來，馬會又再接再厲，陸續推出三重彩、六環彩等賠率很高的彩池，令到外圍莊家分子不敢輕易受注，因爲，以他們的財力，實在同馬會“冇得揮”。

流水落花春去也。在這內外夾攻的嚴峻情勢下，外圍賭馬的活動日見萎縮，越來越不成氣候了。

（四十四） 毒馬案震驚圈內外 促業餘賽改職業化

四五十歲以上的馬迷應當還記得: 在六十年代裏, 香港賽馬活動有個很奇特的現象, 就是凡是各大報章、馬經上衆多馬評專家提供投注（香港話叫"貼"）的馬匹, 經常無緣無故"大熱倒灶"。

這些幾乎每一次賽事被人們捧成"大熱門", 普羅馬迷集中投注的馬, 不是跑得無踪無影, 就是包尾而回, 引致許多馬評專家"大跌眼鏡", 馬迷們大破其財。

開始, 有人懷疑這是那些騎師在某些人指使下, 用不正當的手段在賽事中"出蠱惑", 導致報章上報道說: 某一場賽果"不正常"。

有一個階段, 此風愈演愈烈, 幾乎到了"大熱必倒, 場場爆冷"的地步。

怪現象引起了馬迷的紛紛議論, 也引起了有關方面的嚴重關注——這到底是怎麼回事? 事多蹊蹺, 是否"內有乾坤"呢?

通過有關方面的四出偵察, 明查暗訪, 終於揭開了謎底: 原來, 有一個組織嚴密, 十分貪婪的龐大集團, 已經把黑手伸進了馬圈。他們採用一個駭人聽聞的手法, 就是: 專向熱門馬下毒!

他們通過接近馬匹的人，在馬匹的飼料中滲和了某些藥物，使本來可以健步如飛的良駒變得疲態畢露，舉步維艱。

後來調查的結果發現，在那一段時期內，馬圈內凡是大多數人認爲是十拿九穩的“冠軍馬”，差不多有四分之三是曾被下毒的。當然，這麼一來，頻頻爆出冷門也就不奇怪了。

那些被下毒的馬，因爲被餵食的藥物份量有控制，並不是很快就死亡（這也是“下毒集團”很遲才暴露的一個原因），而是很難跑回以往的水準。

要向馬匹下毒，靠什麼人下手呢？不必具有福爾摩斯大偵探的分析能力，很多人都會想到：這事當然要是能接近馬匹的人，也就是馬圈中的自己人才能辦到。

由於當時是業餘賽馬時代，馬房的保安管理制度，遠不如現在這麼嚴密，一些可鑽的空子也多。譬如，當時全部是紳士騎師，他們的地位比現在的騎師高得多，他們就可以自由出入馬房。至於馬伕們更不必說了，是他們專職負責照料馬匹的飲食起居的。

調查結果表明：有人通過一些馬伕利用工作上的方便下毒，也有部分騎師因利慾薰心，參與了這個爲人們所不齒的勾當！在向馬下毒的初期，已經有組織外圍賭馬的大莊家在左右其事，甚至從中操縱了。

有人不明白，爲什麼那些人專毒熱門馬呢？你毒了一兩匹熱門馬，也未必能買中其他不少參與賽事而跑出來的頭馬呀！

此中奥妙，其實很簡單：對外圍的莊家來說，他們暗中設置的彩池，根本不像馬會那樣。馬會不是同投注的馬迷對賭，它只是充當這麼一個角色，即屬於替你保存那個投注額，作爲差不多是"打荷"式的角色而已。而外圍莊家則不同了：他們和馬迷對賭，熱門馬一跑出來，他們很可能要輸得"仆街"（傾家蕩產），——因爲投注冷門的人畢竟少得多。一旦大熱倒灶，不管其他哪一匹馬跑了出來，他們便贏定了，甚至可以撈得盤滿鉢滿。

見利忘義，就鋌而走險，這是一切昧着良知賺黑錢的人的共通特點。當然，多行不義必自斃。這些上得山多的"撈家"，終於遇上了老虎，——有的財產充公，有的琅璫入獄了。

毒馬案揭發出來後，馬會高層震驚，社會輿論大嘩。馬會淸醒地意識到，就算當時已把"毒馬案集團"一網打盡，如果賽馬的許多有關制度不改變，很難保證一些不法分子不會死灰復燃。

經過多次研究，馬會決定將業餘賽馬制度連根拔起，徹底改爲職業賽，包括了對騎師、練馬師、馬伕的職責範圍規定、加强保安工作等等，以保證賽事活動的正常進行。

轟動一時的毒馬案終於眞相大白，參與其事的人也嘗到了那些毒藥的苦果。但是，它與當年的火燒馬棚慘案一樣，在香港的賽馬史上，給人們留下了一個並不愉快的回憶。

馬會以毒馬案作爲契機，大刀闊斧地進行改革，把業餘賽馬改爲管理得更加完善的職業賽馬，這時，香港賽馬活動，已經過了九十年了。

可以這麼說，如果不是發生了毒馬案，很可能到了今時今日，香港仍然會保持着當年業餘賽馬制度而令它九十年不變也說不定呢!

（四十五） 大馬主號衣顯顏色
枱底馬交易有名堂

第二次世界大戰前，大馬主的派頭很大。

因爲，相當長一段時期內，馬會是只靠十來個馬主擁有的馬匹來支撑賽馬大局的。同中國其他通商口岸一樣，當時香港的大馬主不少是同時擁有幾十匹馬的。可以說，大馬主操縱控制着賽馬的局面。

戰前與戰後的大馬主有所不同。戰前，大馬主養這麼多匹馬，主要是當時上流社會興養馬，馬養得越多面子越大，身份越高，並不是主要靠牠們來賺錢。

戰後，香港隨着社會的經濟繁榮，物慾橫流，不少大馬主功利主義越來越嚴重，本着在商言商的宗旨，他們如果想賺大錢，就可以通過多隻自己的馬出賽時，是下哪隻馬勝出，哪隻馬落敗，並事先對定下勝出的馬投以巨注，獲取暴利。

因此，馬會在六十年代前後立例規定，不理什麼人，一律不能養馬超過十匹以上，以防止有些大馬主控制賽事局面的情形發生。爲了這條規定，有的大馬主甚至認爲，這是對他們不信任，是相當不敬的。爲了比身份、爭派頭，在同一場賽事中，有的馬主就出馬三四匹，同披一樣的號衣，爭“騎”鬥勝，以顯示自己的面子大。

譬如打吡大賽，冠軍大賽，就非得參加不可，一旦自己沒有馬匹參賽，就是很“丟架”，面子盡失了。而只擁有一兩匹馬的小馬主，也會被其他人看不起。

在外國，凡是三匹馬同屬一位馬主參與同一場賽事，其中兩匹可以披一樣的號衣，但騎師的帽子要顏色不同，而第三匹的號衣就必須採用只有馬會才有的全白或全黑的號衣。在香港，馬會沒特製全白或全黑的號衣，你如果在同一賽事中有五匹馬上陣，分分鐘可以全部用上相同的號衣，只要騎師帽子的顏色不同就行了。這叫做“顯顏色”——show colour。“顯顏色”這樣的事，戰後已不復存在。

礙於馬會對馬主的限制，一些想操縱大局的馬主，就搞所謂的“枱底馬”交易。他們出錢給一些會員代爲投標買馬，給予一定的報酬，變成掛名馬主，實際上由大馬主“話事”，控制權仍在大馬主手上。

這樣，上陣馬號衣就不同了，馬會也無從指責那些大馬主。這種情形，實際上到現在還存在。

由於大馬主可以用這樣的方法控制不少出賽馬匹，到了職業賽馬時代，就曾經發生過“造馬案”的醜聞，影響相當大。爲此，不少牽連此案的人，曾被廉政公署請去“喝咖啡”、問話，在馬主、騎師、練馬師當中，被收回會員牌者有之，被勒令停賽者有之，被索回牌照者有之。有的甚至被罰以鉅款、判刑收監。這當然是後話了。

實際上，“造馬”在業餘賽馬時代已經有了，只不過當時商業化的味道不濃，不太引起人們注意而已。

（四十六） 馬主流行身兼騎師 地位居練馬師之上

在業餘賽馬時代，騎師本身都是馬會會員。他們之中，多數是有相當社會地位的，就稱爲“紳士騎師”；有的騎師本身又兼馬主，就叫做“馬主騎師”。

當時，馬主兼騎師是非常時髦的。這樣，他們經常能在策騎中掌握到馬匹的動態，不像現在的騎師和馬主的關係。當時，很多練馬師是要聽從騎師（即馬主）的話的。

到了職業化賽馬後，騎師已不是馬會會員，也不允許擁有馬匹，也就沒有了“馬主騎師”這個名稱了。

現在的練馬師，地位高於騎師，這與業餘賽時正好相反。雖然練馬師是馬會會員，但也不可以養馬，所以，現在也沒有馬主兼練馬師這件事。

（四十七）提早兩日公布資料排位重要性得體現

香港賽馬之所以這麼流行，規模越來越大，一百多年來長盛不衰，同馬會對賽事的不斷改革，適應大衆的要求有很大關係。

近幾十年來，每次賽馬前兩天，馬會就公布了詳細的各種資料，各大報章爭相刊登，各場賽事的出賽馬匹、騎師配搭、賽程長短、負磅、排位等等，一應俱全。馬迷們只要一報在手，對出賽情況就瞭如指掌，可以悉心研究了。

從各報攤上馬經報紙越擺越多，可以看出提早四十八小時公布排位表的重要性以及它受馬迷歡迎的程度了。

在香港，年滿十八歲以上的“馬盲”不多，盲目憑心水下注的人更少。由於排位表的提前公布，方便了馬迷做功課: 他們可以有充裕的時間研究賽事形勢，對比馬評家的分析，翻查出賽馬以往的戰績以及騎師的騎功資料等等。然後，在自以爲心中有數的情況下，甚至於可以提早一天就下注，不必像以往那樣臨陣磨槍，匆忙下注了。

不可否認，這種提前公布排位的方法，至少在普羅馬迷的心理上，可以使他們感到: 香港的賽馬活動各方面均已上了軌道，儘管放心投注好了。

與較早時代的馬主可以在開賽半小時前才遞交“志願申請書”相比，可說是突飛猛進。

在外國，直至現在還有些地方沒有這樣提前公布排位表的做法。正因如此，香港比其他地方更流行賽馬，也就很自然了。

（四十八）"比利"一天三次奪魁創下軍馬輝煌戰績

當時參賽馬可以在同一天內報名參加超過一場的賽事，至於是否報了名就會出賽，則要待臨開賽三十分鐘前遞上"上陣志願書"才能確認。所以，當時曾有一兩匹馬，是在同一天參加超過一場賽事的。

那麼，是什麼情況使牠們這樣做呢？

原來，當時有不少馬是剛上陣的新馬。在出閘時，因爲有的馬訓練得不夠充分，對閘網起步的方式不習慣，當閘網一拉起時，牠依然釘在那裏紋絲不動。碰上這種情況，投注在這匹馬身上的馬迷只好自嘆倒霉，因爲那張票算輸定了。

那匹馬沒有跑過，本來牠在那一場應該參加半哩的賽事，現在牠可以以逸待勞，隔兩三場後又報名參加另一場路程長一點或六化郎的賽事。

這種例子雖然不多，但在那個年代，至少也發生過三四次。

值得特別一記的是，1946年全年都跑軍馬，而有一次在粉嶺舉行賽事。由於當時軍馬的數量不多，那天又安排了七場比賽，因此，有不少馬匹參加二至三場賽事。

那些慣於長途征戰的軍馬，雖然速度並不太快，但耐力却奇佳，在短時間內連續跑兩三場，牠們自然可以應付裕如。

當天賽事中，最搶鏡的“明星”要數名叫“比利”的軍馬。牠在七場賽事中（並非場場出賽）連戰皆捷，三次奪魁，創下了粉嶺馬場的紀錄。

同其他事物一樣，世界上沒有永恆的光輝。“比利”不久進軍快活谷馬場，但在强敵如林的馬陣中，戰績遠不如粉嶺那次的輝煌了。

“比利”終於變成了“失利”。

（四十九） 練馬師多白俄人士
眾馬房有中外之分

香港業餘賽馬時代的終結，對寄居香港的白俄人士來說，也是他們在賽馬圈子裏地位、影響力漸趨沒落的主要階段。

所謂“白俄”人士，是指當時親沙皇的帝俄分子。他們是在第一次世界大戰後，帝俄變成了一個共產國家蘇聯時，或潛逃或被驅逐到外國的俄羅斯人。

這些帝俄分子中，不乏當年極盡聲色犬馬之能事的皇室、貴族。不必說，他們對當時上流社會人士才“玩得起”的賽馬是相當有認識的。

在這些流離家園的人士中，有的就携眷經西伯利亞入海參威，轉途天津、北京等地後再赴上海，然後從那“十里洋場”再轉投南方，踏足香港。

雖經家破國變，顛沛流離，但他們中的練馬師相當多。而有俄羅斯血統的騎師，則以前文提到的柯圖茂最爲出色，其他則在馬場上表現平平。

也許是他們流落海外，社會地位不可能太高之故，不少白俄分子就憑着那一技之長，寧願比較務實地執鞭馴馬，做起道地的練馬師，而不願當那種沒有肯定利益的紳士騎師。

這一批白俄人士的加入，使得香港當時練馬師這個行業幾乎被他們獨霸了。業餘賽馬時代的馬房，有中外之分。在外籍人主事的馬房中，幾乎清一色是白俄人士。這和現在馬房也有中外之分相同。所不同的，只是現在的馬房中，練馬師已由衆多國家的人士擔任。

進入了職業化賽馬階段，在香港仍參加到練馬師行列的白俄人士，只剩下四五位，直至最後才退出的，就是蘇芬洛夫和米曲凡里。他們的練馬生涯一直持續到七十歲。退休後，兩人不久先後去世。

大多數白俄人士在退出馬圈後，都相繼移居澳洲。不過，這些人在“袋鼠國”繼續重操舊業的少之又少，這是令人相當奇怪的。

（五十）港澳賽馬早有淵源 時移勢易形同陌路

現在的澳門，也有了平地賽馬。但它和香港馬會可以說毫無關連。雖不至於“同行如敵國”，但關係並不那麼融洽。

其實，香港賽馬同澳門賽馬早有淵源。早在第二次世界大戰前，澳門同香港一樣，都有舉行賽馬活動。香港有小部分馬匹甚至是在澳門訓練的，澳門的騎師有時也過來香港參賽。

在香港賽馬活動間隙的日子，澳門也曾舉行賽事。當時，香港方面不但派人而且用船運馬到澳門參賽，不少香港的騎師就曾隨坐騎出征。

由於有這種關係，在香港賽馬會成立之初，還安排了幾場賽事在澳門比賽。這些陳年往事，同現在兩地賽馬多少有“視同陌路”的情況，眞是不可同日而語了。

（五十一）“文革”浪潮衝擊香港
馬季開鑼“暴動”停止

應該說，一般香港人均是存有相當樂觀心理的人，他們是希望“明天會更好”的樂天派，所以，“馬照跑”對他們來說是一個很大的希望。

實際上，這麼說並不是毫無根據的。

回顧香港這個社會，六十年代中期曾經發生過一次很大的風波，那就是至今一提起仍讓人們心有餘悸的“1967年暴動事件”。

那一年，香港也受到中國大陸“文化大革命”潮流的衝擊，發生過很多次的暴動事件。其中，包括有的人在街上放置炸彈（香港人叫它爲“菠蘿”）。一時間，彈片橫飛，導致部分無辜者受到傷害。

“菠蘿一響，社會動盪”。香港當時整個社會人心惶惶。大家都不知道香港將來的前景會變成什麼樣子。

但是，奇妙的是，這種令社會不安定的現象開始時，恰恰是一個賽馬季節（即1966－1967年的馬季）的結束，時間是1967年的5月份。

這個賽馬季節一結束，一連串的動盪隨着就發生了。在那騷亂、動盪的1967年夏季，香港社會變得像怒海上的一隻扁舟，隨時都會被“文革”的浪潮打沉似的。

但是，到了1967－1968年馬季開鑼的那一天，即是1967年10月份的第三個周末，那天，雖然也有一個“菠蘿”在快活谷爆響，但由於爆炸地點不在馬場，也就不影響當天進場馬迷的投注興趣。

那一響的“菠蘿”，是當年的最後一響。

這“絕響”一過，從馬季開始後，香港整個社會又很快地完全恢復了正常運作。

後來，有人這麼調侃地說：當年如果不是馬匹歇暑的話，香港的社會情況也許就不會發展到那麼動盪也說不定。

這當然是說說笑話而已，但不可否認，這種巧合之處，同時也反映出一般香港人只要看到“馬照跑”，就會感覺到整個社會形勢不會有什麼大變化的一種信心。

到了現在，“馬照跑”這件事，已經遠遠超出它的“博彩”、“娛樂”層面，而是香港社會是否繼續繁榮，安定的一個重要標誌了。

可以這麼說，只要“馬照跑”，一般香港人都會相信這個社會制度應該不會有太大變化了。

香港馬場一個多世紀以來，幾經風雲變幻，歷盡人事滄桑。在那裏，透過“沓沓”馬蹄揚起的烟塵，上演了一齣齣時而令人血脈賁張，時而叫人傷心欲絕的人生小插曲。

香港的賽馬活動編年史，與懷抱着它成長的東方之珠，一起渡過蒙垢的歲月，也一起創造了輝煌的今朝。

在香港歷史性的偉大轉折即將來臨的時刻，我們和萬千讀者一道，同獻一瓣心香：祈祝它那厚厚的史册，五十年後，一百年後，繼續不間斷地添寫下去，並放射出奪人心魄的瑰麗色彩。

誰說“香港人沒有明天”？

明天將與香港人同在！